EinFach
Deutsch
Unterrichtsmodell

Andrea Maria Schenkel

Tannöd

Erarbeitet von
Sonja Thielecke

Herausgegeben von
Johannes Diekhans

Baustein 3 (Fortsetzung)

3.2	Die Dorfbewohner	ganzer Text S. 25, 36, 40, 80, 95, 97	Personenkonstellation, Standbilder (Statuen) Textanalyse Textproduktion Alternative: kreative Umsetzung Arbeitsblatt 15 Arbeitsblatt 16

Baustein 4: Schuld und Vergebung (S. 63–69 im Modell)

4.1	Hauers Umgang mit der Schuld	Sekundärtext (Schuld) S. 39, 46 f., 73, 78 f., 98, 121, 122 ff. Sekundärtext (Verantwortung) S. 96–98, 121–125	Textanalyse Tafelbild/Folie Arbeitsblatt 17 Arbeitsblatt 18
4.2	Das Schuldeingeständnis und seine religiöse Dimension	S. 121–125 ganzer Text Sekundärtext (Beichte)	Textanalyse Tafelskizze Diskussion Arbeitsblatt 19

Baustein 5: Rezeption des Romans „Tannöd" (S. 70–86 im Modell)

5.1	Das Theaterstück	Sekundärtext (Masken im antiken Theater) Textauszüge aus dem Theaterstück S. 34 f., 89–95 Rezension zur Uraufführung	Plakatanalyse Textanalyse Tafelbild Textvergleich Arbeitsblatt 20 Arbeitsblatt 21 Arbeitsblatt 22 Arbeitsblatt 23
5.2	Die filmische Umsetzung des Romans	Sekundärtext (Die filmische Umsetzung einer Idee) Textauszug S. 78	Textanalyse Tafelbild (Flussdiagramm) Kreative Umsetzung Schreibaufgabe Projektvorschlag Arbeitsblatt 24 Arbeitsblatt 25 Arbeitsblätter 26 und 27 Arbeitsblatt 28 Arbeitsblatt 29

Vorwort

Der vorliegende Band ist Teil einer Reihe, die Lehrerinnen und Lehrern erprobte und an den Bedürfnissen der Schulpraxis orientierte Unterrichtsmodelle zu ausgewählten Ganzschriften und weiteren relevanten Themen des Faches Deutsch bietet.

Im Mittelpunkt der Modelle stehen Bausteine, die jeweils thematische Schwerpunkte mit entsprechenden Untergliederungen beinhalten.

In übersichtlich gestalteter Form erhält der Benutzer/die Benutzerin zunächst einen Überblick zu den im Modell ausführlich behandelten Bausteinen.

Es folgen:

- Hinweise zu den Handlungsträgern
- Zusammenfassung des Inhalts und der Handlungsstruktur
- Vorüberlegungen zum Einsatz des Buches im Unterricht
- Hinweise zur Konzeption des Modells
- Ausführliche Darstellung der einzelnen Bausteine
- Zusatzmaterialien

Ein besonderes Merkmal der Unterrichtsmodelle ist die Praxisorientierung. Enthalten sind kopierfähige Arbeitsblätter, Vorschläge für Klassen- und Kursarbeiten, Tafelbilder, konkrete Arbeitsaufträge, Projektvorschläge. Handlungsorientierte Methoden sind in gleicher Weise berücksichtigt wie eher traditionelle Verfahren der Texterschließung und -bearbeitung.

Das Bausteinprinzip ermöglicht es dabei den Benutzern, Unterrichtsreihen in unterschiedlicher Weise und mit unterschiedlichen thematischen Akzentuierungen zu konzipieren. Auf diese Weise erleichtern die Modelle die Unterrichtsvorbereitung und tragen zu einer Entlastung der Benutzer bei.

Das vorliegende Modell bezieht sich auf folgende Textausgabe: Andrea Maria Schenkel: Tannöd. btb Verlag 2008, ISBN: 978-3-442-73673-7.

 Arbeitsfrage

 Einzelarbeit

 Partnerarbeit

 Gruppenarbeit

 Unterrichtsgespräch

 Schreibauftrag

 szenisches Spiel, Rollenspiel

 Mal- und Zeichenauftrag

 Bastelauftrag

 Projekt, offene Aufgabe

Inhaltsverzeichnis

Tannöd

„Der Hof, der liegt doch voll-
kommen alleine. Richtig einsam.
Im Winter wollte ich darum unter
gar keinen Umständen mehr bei
denen da draußen sein. Dann
dämmert es um halb vier und um
vier Uhr ist es finster. Da sieht
und hört keiner was". (S. 123)

„Dort, hinter dem letzten Feld,
nach links drüben in den
Wald". (S. 25)

„Das Haus, der Hof, nein, da
möchte ich nicht mal beerdigt
werden". (S. 33)

„Ich hätte nie gedacht, dass der
so weit draußen liegt". (S. 31)

„düster und alt" (S. 31)

Die Bewohner von Tannöd

Die Familie Danner

Hermann Danner: Er ist der mürrische und misstrauische Bauer des Dannerhofes, der jedoch sein Handwerk versteht. Für Außenstehende ist er nur der bauernschlaue Eigenbrötler. Seine Familie lebt sehr karg und ärmlich, obwohl sie Geld besitzt, mit dem er vor Herumtreibern prahlt. Hermann Danner ist das Maß aller Dinge. Er schlägt seine Frau und ist besonders ihr gegenüber unbarmherzig. Seit seine Tochter 12 Jahre alt ist, missbraucht er sie. Allerdings begibt er sich über die Jahre in eine immer tiefer gehende Abhängigkeit von ihr, sodass er ihr eine Woche vor dem Verbrechen den Hof zu ihren Bedingungen überschreibt. So grob er seiner Familie gegenüber ist, so offen scheint er zu nur kurz verweilenden Fremden zu sein.

Theresia Danner: Sie ist die Bäuerin des Hofes und Frau von Hermann Danner. Ihre Kindheit verbringt die weniger hübsche Theresia in einer strengen und bigotten Familie ohne Liebe. Einziger Halt ist dabei ihre christliche Erziehung. Nach dem Tod ihrer Eltern muss sie den Hof schon früh allein führen und heiratet schließlich den neuen Knecht Hermann Danner, der einige Jahre jünger ist als sie. Sie ist sich bewusst, dass er wahrscheinlich nur den Hof übernehmen will, liebt ihn aber trotzdem. All die Jahre leidet sie in ihrer Ehe unter seiner Brutalität und flüchtet sich in ihre Frömmigkeit. Dabei verschließt sie jedoch die Augen vor der Realität und nimmt eine völlig devote Haltung ein, wodurch der Missbrauch an ihrer Tochter auch unentdeckt bleibt. Außenstehende betrachten sie stets als mürrische und vom Leben enttäuschte Person.

Barbara Spangler: Sie ist die Tochter der Danners und wird allgemein als fesche Person bezeichnet. Seit ihrem 12. Lebensjahr wird sie von ihrem Vater sexuell missbraucht. Anfangs lässt sie die Übergriffe über sich ergehen, zumal ihr auch niemand hilft. Da sie eine zähe Frau ist, versteht sie es aber mehr und mehr, den Vater an sich zu binden und auszunutzen. Durch die traumatischen Erfahrungen in ihrer Kindheit hasst sie alle Männer und bezeichnet sie als schwache Personen. Zwischen dem Vater und ihr entbrennt eine Hassliebe. Aus dieser Verbindung entstehen zwei Kinder. Letztlich ist sich Barbara des unmoralischen Lebens, in dem sie gefangen scheint, bewusst und wagt einen Versuch beim Pfarrer, sich gegen 500 Mark die Absolution zu erkaufen. Dieses Vorhaben wird jedoch mangels Vertrauen im Keime erstickt. Sie lässt das Geld beim Pfarrer, aber kann ihre Schuld niemandem beichten.

Maria-Anna (Marianne) Spangler: Sie ist die Tochter von Barbara Spangler und deren Vater Hermann Danner. Die achtjährige Zweitklässlerin hofft auf die Wiederkehr ihres Vaters, der sich, so wird es ihr erzählt, offenbar in Amerika befindet. Für ihren kleinen Bruder Josef übernimmt sie schon sehr früh die Verantwortung. Sie hat Angst vor dem Großvater, der meist mürrisch und streng ist. Aufgrund der ärmlichen Verhältnisse wächst sie mit dem alten Spielzeug der Mutter auf. Insgesamt ist sie eine ruhige, in sich verschlossene Schülerin. Der Lehrer bezeichnet sie als Träumerin.

Josef Spangler:	Er ist der Sohn von Barbara Spangler und deren Vater. Der Zweijährige ist hübsch und hat blonde Locken.
Marie Meiler:	Sie ist 44 Jahre alt und die neue Magd auf dem Dannerhof. Die vorherige Arbeitgeberin und ihre Schwester beschreiben sie als brav und fleißig, naiv und einfältig. Dadurch lässt sie sich von anderen ausnutzen. Als sie die Arbeit als Hausmädchen bei der alten Babette Kirchmeier (86 Jahre), die ins Altenheim gegangen ist, verliert, kommt sie zunächst als Hilfe beim Bruder, dessen Frau krank ist, unter. Danach geht sie zu ihrer Schwester. Ihr Schwager, Erwin Krieger, kann sie nicht ausstehen und drängt sie zur neuen Anstellung, weil nicht genügend Platz für alle da sei. Sie wird schließlich, allein gelassen und unerwünscht, von ihrer Schwester auf den weit abgelegenen Einödhof gebracht. Trotz der Erleichterung, wieder Arbeit zu haben, hofft sie auf etwas Besseres, sie will in der Nähe ihrer Schwester Traudl leben.
Der Täter Georg Hauer:	Er ist der Bauer vom nächstgelegenen Hof (zu Fuß ca. 10 Min. entfernt/liegt in Sichtweite). Mit seinen 49 Jahren funktioniert er wie ein Uhrwerk und erledigt seine Arbeit gewissenhaft und pflichtbewusst. Müßiggang kann er sich nur vor Anbruch des Tages erlauben, danach wartet die tägliche harte Arbeit auf ihn. Schon früh in eine arrangierte Ehe hineingedrängt, ist er nach dem Tod seiner Frau voll Sehnsucht nach einem besseren Leben. Dieser Wunsch scheint sich zu erfüllen, als er eine Affäre mit Barbara Spangler beginnt. Diese benutzt ihn jedoch nur und zieht auch ihn in ihren Bann. Georg, der sich eine Zukunft ohne Barbara nicht mehr vorstellen kann und zudem glaubt, er sei der Vater von Josef, bedrängt Barbara mehr und mehr. Besonders vor schwierigen Gesprächen mit ihr trinkt er sich, obwohl er den Alkohol nicht gut verträgt, Mut an. Wenn er viel getrunken hat, wird er redselig und offenbart in der Dorfkneipe seine Befürchtungen. Die Dorfgemeinschaft weiß um die traurige Beziehung, unternimmt jedoch nichts.

Die befragten Dorfbewohner

Betty, 8 Jahre (Freundin von Marianne)
Babette Kirchmeier, Beamtenwitwe, 86 Jahre (letzte Arbeitgeberin von Marie Meiler)
Traudl Krieger, Schwester der Magd Marie, 36 Jahre
Hermann Müllner, Lehrer, 35 Jahre (Lehrer von Marianne)
Ludwig Eibl, Postschaffner, 32 Jahre
Kurt Huber, Monteur, 21 Jahre
Maria Sterzer, 42 Jahre, Bäuerin von Obertannöd
Johann Sterzer, 52 Jahre, Bauer von Obertannöd
Dagmar Sterzer, 20 Jahre, Tochter
Alois Huber, 25 Jahre, Verlobter von Dagmar Sterzer
Hansl Hauer, 13 Jahre, Sohn des Georg Hauer
Franz-Xaver Meier, 47 Jahre, Bürgermeister
Anna Hierl, 24 Jahre, vormals Magd auf dem Dannerhof
Anna Meier, Kramerin, 55 Jahre
Maria Lichtl, 63 Jahre, Pfarrersköchin
Hochwürden Herr Pfarrer Meißner, 63 Jahre

Die Handlung und der Aufbau des Kriminalromans

Tatsächlicher Fall

In der Nacht zum 1. April 1922 ereignete sich ein sechsfacher Mord in der oberbayrischen Einöde Hinterkaifeck. Trotz einer komplizierten und langjährigen Ermittlungsarbeit konnte der Fall bis heute nicht aufgeklärt werden. Andrea Maria Schenkel – Mitte 40, aus Nittendorf (Landkreis Regensburg), Frau eines HNO-Arztes und Mutter dreier Kinder – wurde durch eine Geschichte in der „Süddeutschen Zeitung" auf den Fall aufmerksam. Darin stand, dass ein mittlerweile pensionierter Kriminalbeamter den ungeklärten Mord seit 30 Jahren recherchiert. Zur Vorbereitung auf den Roman hat sie mehrere Sachbücher, unter anderem die Peter Leuschners, und Zeitungsartikel über den Fall gelesen. Vor allem aber hat sie sich auf Fakten gestützt, die in den frei zugänglichen Akten im Augsburger Staatsarchiv zu finden sind. Schenkel verlegte den Fall in die Nachkriegszeit und nach Fertigstellung des ersten Kapitels nach Tannöd.

Plagiatsvorwürfe

Sowohl Peter Leuschners Bücher „Hinterkaifeck. Deutschlands geheimnisvollster Mordfall" (1978) und „Der Mordfall Hinterkaifeck" (1997) als auch Schenkels preisgekrönter Roman „Tannöd" (2006) basieren auf dem realen Ereignis aus dem Jahr 1922 auf einem oberbayrischen Einödhof. Leuschner warf der Autorin vor, sie habe die Charakterisierung der Figuren von ihm übernommen, und verklagte sie auf Schadensersatz. Der geschätzte Streitwert betrug 500.000 €. Das Landgericht München entschied, dass Leuschner ein dokumentarisches Sachbuch verfasst habe. Dagegen habe Schenkel ein literarisches Werk geschaffen. Die historischen Fakten des spektakulären Falls seien urheberrechtlich nicht geschützt und in vielen offenen Quellen nachzulesen.

Die Handlung – der Tathergang

Freitagnacht (18. auf 19. März 1953 oder 55) werden nach und nach die Mitglieder der Familie Danner und die Magd Maria mit einer Spitzhacke von Georg Hauer in einem Tötungsrausch erschlagen.

Zuvor hat Barbara Spangler ein Verhältnis mit dem Witwer Georg Hauer begonnen, der sich nach dem 3-jährigen Krebsleiden seiner Frau zum ersten Mal in seinem Leben wieder richtig frei fühlt. Durch die neue Beziehung lernt er etwas Hemmungsloses kennen und verändert sich. Er wird von Barbara abhängig. Als ihm diese ihre Schwangerschaft gesteht, will er sie heiraten. Allerdings geht Barbara nicht auf sein Bitten ein und bricht den Kontakt ab. Nachdem ihr Sohn Josef auf der Welt ist, gibt Hauer diesen als seinen Sohn aus und lässt sich auch auf dem Amt als dessen Vater eintragen, obwohl klar ist, dass Barbara im Grunde nur einen Alibivater für ihr Kind benötigt, das während ihres Inzuchtverhältnisses mit ihrem eigenen Vater gezeugt wurde.

Immer wieder sucht Georg die Möglichkeit einer Aussprache. Jedes Mal lässt sich Barbara verleugnen. Als er in angetrunkenem Zustand eine letzte Aussprache erzwingen und sie um ihre Rückkehr zu ihm bitten will, verhöhnt und demütigt sie ihn nur. Dies kann er nicht mehr ertragen und würgt sie zunächst mit beiden Händen. Aus diesem Griff kann sie sich aber wieder befreien. Irgendwie gelangt die Spitzhacke in seine Hände, danach befindet er sich im Tötungsrausch. Er erschlägt zuerst Barbara, danach ihre Mutter, die sich gewundert hat, warum Barbara immer noch im Stall ist. Als Nächstes ist der Bauer sein Opfer, der sich darüber ärgert, dass die Türen offen stehen, und die Verantwortlichen im Stall zur Rede stellen will. Dann folgt die kleine Marianne, die nicht schlafen kann und ihre Mutter im Stadel suchen will. Danach erschlägt Georg Maria Meiler, die neue Magd, und Josef, seinen vermeintlichen Sohn, in ihren Zimmern.

Einziger Zeuge der Tat ist der Herumtreiber und Gelegenheitsarbeiter Michael Baumgartner, auch Mich genannt. Er bricht über den alten Maschinenschuppen ins Haus ein und liegt seit Freitagmorgen (18. März) auf dem Speicher des Stadels auf der Lauer, da er die Danners ausrauben will. Völlig geschockt und entsetzt flieht er in einem günstigen Augenblick und sucht das Weite. Um kein Aufsehen zu erregen, versorgt Georg Hauer die Tiere des Hofes vor Tagesanbruch weiter und erweckt durch das Kochen des Futters für die Schweine den Anschein, als sei der Hof noch bewohnt. Darüber hinaus versucht er noch, die Leichen einzugraben, was ihm aber wegen des steinigen Untergrunds im Stadel der Danners nicht gelingt.

Man vermutet die Familie im Holz, da man seit Samstag niemanden mehr gesehen hat. Das Dorf wundert sich am Sonntag, warum niemand von den Danners in der Kirche ist. Das Fehlen des Mädchens wird in der Schule bemerkt. Am Dienstag, dem 03.04., trifft der zuvor bestellte Monteur niemanden an, repariert den Motor der Futterschneidmaschine dennoch, fährt jedoch nachmittags wieder nach getaner Arbeit, weil der Hof verlassen ist. Der 13-jährige Sohn von Georg Hauer, Hansl, wird von seiner Tante Anna zum Hof der Danners geschickt, um nach dem Rechten zu sehen. Der Hund hat wie bei dem Monteur gewinselt, das Vieh hat geschrien und die Tür zum alten Maschinenschuppen ist offen. Weil ihm die Sachlage zu unheimlich ist, läuft er wieder nach Hause und berichtet Vater und Tante von dem offenbar verlassenen Hof. Georg Hauer verlangt nach dem Nachbarn Johann Sterzer (52 Jahre, Bauer von Obertannöd) und dessen Knecht. Als die beiden zum Dannerhof kommen, erwartet sie Georg bereits. Gemeinsam gehen sie auf den Hof und brechen die Tür auf. Nach und nach entdecken sie die Leichen. Georg gibt keine Ruhe, bis alle gefunden sind.

Seine Bluttat gesteht Georg seiner Schwägerin Anna, die seit den Krankheitsjahren seiner Frau vor sechs Jahren bei ihm eingezogen ist. Unbewusst hat er das blutverschmierte Tuch, mit dem er sich nach der Tat die Hände abgewischt hat, im Haus liegen gelassen. Mit diesem Tuch stellt sie ihn zur Rede. Danach geht er in sein Schlafzimmer und holt den alten Revolver, den er seit dem Krieg besitzt. Das Ende des Romans bleibt offen. Da niemand aus dem Dorf jemandem aus der Gemeinschaft eine so unmenschliche Tat zutraut, werden zwei Vermutungen geäußert: Die Bäuerin von Obertannöd, Maria Sterzer, mutmaßt, dass die Tat auf die Rache des Bruders für die schlechte Behandlung der polnischen Fremdarbeiterin Amelie, die sich erhängte, zurückzuführen sei. Die Pfarrersköchin denkt, der Teufel gehe um und habe die Mitglieder der sündigen Familie umgebracht.

Aufbau

Der Leser folgt keinem allwissenden Erzähler, sondern den Meinungen um das Geschehen. Nach und nach ergibt sich für ihn das Gesamtbild. Mosaikartig sind Zeugenaussagen der Dorfbewohner in der Ich-Perspektive, Absätze aus einer Litanei, die Handlung der Opfer kurz vor der Tat und des Täters in der Er-/Sie-Perspektive zusammengestellt. Dadurch wird das Puzzle im Kopf immer wieder neu geordnet und der Leser wird mit verschiedenen Blickwinkeln konfrontiert.

Nicht nur das Geschehen entrollt sich also Stück für Stück, sondern die Beweggründe, die zu der blutigen Tat geführt haben, werden aus unterschiedlichen Perspektiven aus der Innensicht deutlich gemacht. Der Leser kann sich also aus geäußerten Gerüchten, Verdächtigungen, Vorurteilen und Erinnerungen selbst ein Bild von der Atmosphäre in der oberbayrischen Einöde machen.

Vorüberlegungen zum Einsatz des Romans im Unterricht

Das hier vorgestellte Unterrichtsmodell ermöglicht durch die breite Palette an Aufgabentypen und ausführlich aufbereiteten, begleitenden Arbeitsblättern bereits einen Einsatz ab Klasse 10. Sein Einsatz bietet sich aber vor allem in der beginnenden Oberstufe an, um Kriminalliteratur, die in der Mittelstufe ihren festen Platz hat, auch hier ihre Berechtigung einzuräumen und um zu zeigen, dass es lohnend ist, sich mit dem Genre zu beschäftigen. Dabei ist insbesondere anzumerken, dass es sich keineswegs um reine Trivialliteratur handelt, da der moderne Kriminalroman eine ihm eigene Welthaltigkeit besitzt, indem er tradierte Elemente des Krimigenres mit denen des Gesellschaftsromans oder historischen Romans vernetzt.

Obwohl mit „Tannöd" keine Schullektüre im klassischen Sinne vorliegt, bietet der Einsatz dieses Romans die Möglichkeit, aktuelle Gegenwartsliteratur mit der Thematik ‚Kriminalroman' zu vereinen. Interessant hierbei ist die Tatsache, dass der Leser sich auf verschiedene Perspektiven einlassen muss. Er, als „allwissender" Leser, ist derjenige, der sowohl das Wissen erlangt, das sich der ermittelnde, nicht genannte Kommissar durch seine Zeugenbefragungen aneignet, als auch die Gefühlslage der Opfer und des Täters kennenlernt und die Hintergründe der Tat besser verstehen kann. Maria Schenkel spielt mit den Möglichkeiten des analytischen Erzählens. Es ist gerade nicht der Kommissar, der als Fachmann versucht, das Verbrechen zu enträtseln, oder eine wilde Verfolgungsjagd, die im Mittelpunkt stehen. Vielmehr ist der Fokus auf die Dorfgemeinschaft und deren Miteinander gelegt, wodurch sich Stück für Stück das Ausmaß der Katastrophe entrollt.

Der Roman erfüllt eine Reihe von Anforderungen an Schullektüre: Der Umfang ist überschaubar, der Roman bietet eine Fülle verschiedener Rezeptionsmöglichkeiten, die Werteorientierung wird aufgegriffen. Denn die Thematik ist – auch wenn Schenkel auf einen wahren Fall aus den 20er-Jahren zurückgreift – nach wie vor hochaktuell: Was treibt einen rechtschaffenen, braven Menschen dazu, eine unmenschliche Tat zu begehen? Wie weit muss es kommen, was muss alles geschehen, damit ein Mensch zum Schlächter anderer wird und in einen wahren Blutrausch verfällt? Dadurch werden unweigerlich existenzielle Fragen aufgeworfen, mit denen sich Schenkel in ihrem Debüt beschäftigt. Die Schülerinnen und Schüler begeben sich auf den Weg als Kriminalisten und Psychologen, um die Hintergründe der Tat verstehen zu können. Neben diesen Aspekten werden auch ethische/philosophische Aspekte aufgegriffen, so z. B. die Frage nach der Existenz Gottes in einer Welt, in der der Einzelne völlig allein gelassen wird. Auch die Rezeption des Romans (hier die Plagiatsvorwürfe Leuschners) eignet sich dazu, z. B. die Frage nach dem geistigen Eigentum zu diskutieren.

Aus dieser Vielschichtigkeit heraus ergibt sich für den Unterricht die Möglichkeit, den Roman nicht nur als Kriminalroman zu lesen, sondern auch als Gesellschaftsroman aufzufassen. Indem Schenkel den Roman in das Nachkriegsdeutschland verlegt, kann auch das angedeutete Zeitkolorit in den Blick genommen werden. Hier ist die Möglichkeit des fachübergreifenden Arbeitens gegeben. So können die Fächer Geschichte und Ethik herangezogen werden. Darüber hinaus ergibt sich durch die literarische Konstruktion des Romans eine Fülle von kreativen, produktionsorientierten Methoden. Diese wiederum ermöglichen eine andere Form der Identifikation für die Schülerinnen und Schüler.

Referate können entweder als Einstieg in eine Thematik oder vertiefend zu den Bausteinen angeboten werden.

Als **Klausuren** sind zahlreiche Arbeitsaufträge aus den verschiedenen Bausteinen des Unterrichtsmodells denkbar. Dies bezieht sich auch auf die als Alternativen vorgeschlagenen kreativen bzw. produktionsorientierten Schreibaufträge. Als Erweiterung können auch Sekundärtexte aus dem Anhang der Buchausgabe oder dem Zusatzmaterial herangezogen werden.

Vorschläge für Referate

- Die Autorin Andrea Maria Schenkel (mögliche Ergänzung zu Baustein 1, vgl. http://www.andreaschenkel.de, Anhang der Buchausgabe, **Zusatzmaterialien 1 und 2, S. 87–90**)

- Kriminalroman, Gesellschaftsroman (mögliche Ergänzung zu Baustein 2.4)

- Vorstellung eines weiteren Bestsellers: Patrick Süskinds „Das Parfum" (mögliche Ergänzung zu Baustein 2.4 oder nach Baustein 5)

- Brechts Episches Theater und die Funktion der V-Effekte (möglich als Ergänzung zu Baustein 5.1)

- Buchvorstellung: Andrea Maria Schenkels: „Kalteis" (mögliche Ergänzung nach Baustein 5, vgl. **Zusatzmaterialien 1 und 2, S. 87–90**)

Fächerverbindendes Arbeiten (Referate oder Teamteaching):

- Fremdarbeiter in Deutschland während des Zweiten Weltkrieges (mögliche Ergänzung zu Baustein 2.2)

- Landflucht nach dem Ende des Zweiten Weltkrieges – Wirtschaftswunderjahre (mögliche Ergänzung zu Baustein 2.2)

- Atheismus (z. B. Sartres Existenzialismus) (mögliche Ergänzung zu Baustein 4.2)

Vorschläge für Klausuren sind unter **Zusatzmaterial 6 (S. 94 ff.)** zu finden.

Die Konzeption des Unterrichtsmodells[1]

Das Modell baut auf der Grundlage auf, dass die Ganzschrift vor der eigentlichen Behandlung im Unterricht einmal vollständig von den Schülerinnen und Schülern genau gelesen wurde. Es bietet sich an, ca. zwei Wochen für die Vorbereitung einzuräumen. Sollte man das Lesejournal (vgl. Baustein 1) als Zugriffsmöglichkeit wählen, empfiehlt sich eine längere Vorbereitungszeit.

Gerade weil Schenkel ihren Roman sehr vielschichtig angelegt hat, ist es notwendig, auch den Schülerinnen und Schülern die Möglichkeit eines breit gefächerten Identifikationsangebotes zu geben. Aus diesem Grund wechseln sich analytische und produktive Arbeitsverfahren ab bzw. werden miteinander kombiniert.

Baustein 1 ermöglicht einen **ersten Zugriff auf den Roman**. Hier sollen sich die Schülerinnen und Schüler mit den Themen und Problemfeldern auseinandersetzen, indem sie ihre ersten Leseeindrücke artikulieren. Der Baustein stellt verschiedene Zugangsmöglichkeiten zum Roman vor, die man je nach Lerngruppe einsetzen kann. Neben der die Lektüre begleitenden Erstellung des Lesejournals kann die eher assoziative Bildmethode gewählt werden. Darüber hinaus werden das Schreibgespräch und das Eckengespräch als Varianten vorgestellt und erläutert. Die Beiträge sollen gebündelt und strukturiert werden, um die sich daraus ergebende „(Themen-)Landkarte" für die weitere Arbeit zu erstellen.

In **Baustein 2** sollen sich die Schülerinnen und Schüler mit dem **Aufbau des Romans** beschäftigen. Zum einen geht es darum, die Chronologie der Ereignisse (2.1) zu rekonstruieren. Zum anderen ergibt sich unmittelbar daraus die Frage nach der Konzeption und Intention der vorliegenden Textstruktur/Erzählweise (2.2).
Innerhalb der Struktur bilden die immer wiederkehrenden Absätze aus einer Litanei (2.3) für die Verstorbenen eine eigene Größe. Man kann diesen Aspekt bereits zu diesem Zeitpunkt aufgreifen. Um den Schülerinnen und Schülern jedoch die Möglichkeit zu geben, diesen Aspekt im Kontext des gesamten Romans zu verstehen, sollten die religiösen Bezüge erst nach Behandlung des vierten Bausteins aufgegriffen werden. Dadurch kann der Blick auf die Gesamtaussage und die damit verbundene Gesellschaftskritik des Romans gelegt werden: Mit welcher Aussage entlässt Schenkel die Leserin/den Leser, wenn sie ihren Roman schließlich mit einem Gebet enden lässt?
Im Rahmen dieses Bausteins ergibt sich als ein weiterführender Aspekt die Frage nach dem Genre (2.4). Das kann über ein Schülerreferat aufgegriffen werden, indem der klassische Detektiv- bzw. Kriminalroman vorgestellt wird und anschließend die Parallelen und Unterschiede im Unterricht erarbeitet werden. Man kann dies aber auch für alle Schülerinnen und Schüler aufbereiten.

Im Anschluss daran kann der Fokus in **Baustein 3** auf die **Rolle der Personen** im Roman gelenkt werden. Hier sollen die Schülerinnen und Schüler sich mit der Rolle der Opfer und des Täters (3.1) auseinandersetzen. Im Rahmen dieser Beschäftigung geht es vor allem darum, Beweggründe für die Tat zu untersuchen und die „Mittäterschaft" der Dorfbewohner (3.2) zu entlarven.

---

[1] Dank gebührt an dieser Stelle meiner Kollegin A. Jeuck, deren Anregungen und Überlegungen teilweise Eingang in dieses Unterrichtsmodell gefunden haben.

Daraus ergibt sich für den vierten Baustein die Frage, wie die Betroffenen auf den Vorfall reagieren. Dabei werden besonders das Verhalten Georg Hauers, die auf ihm lastende Schuld und die Auseinandersetzung mit seiner Tat in den Mittelpunkt zu rücken sein, um den Schülerinnen und Schülern den Umgang mit der Schuld aus Sicht des Täters zu verdeutlichen und damit seinen im Roman angedeuteten Selbstmord zumindest ansatzweise verstehen zu können. Da Hauer durch die Einbindung in den religiösen Kontext entlastet zu werden scheint, lautet der **Baustein 4 „Schuld und Vergebung"**, der sich in zwei Punkte aufteilt: „Hauers Umgang mit der Schuld" (4.1) und „Das Schuldeingeständnis und seine religiöse Dimension" (4.2).

Der **fünfte Baustein**, in dem es um die **Rezeption des Romans** geht, greift die bisher gewonnenen Erkenntnisse auf und bündelt diese. In einem ersten Schritt (5.1) sollen sich die Schülerinnen und Schüler mit dem Theaterstück „Tannöd" auseinandersetzen. Hier steht nicht nur die exemplarische Analyse eines Auszuges, sondern auch die Anwendung inszenatorischer Mittel im Vordergrund. Anknüpfend an diese Vorarbeit sollen die Schülerinnen und Schüler sich in einem weiteren Arbeitsschritt mit der filmischen Umsetzung des Romans (5.2) beschäftigen. Diese Rezeptionsmöglichkeit wird zunächst ebenfalls gemeinsam erarbeitet, bevor die Klasse/der Kurs in eine Projektphase entlassen werden kann, in der sie einen Trailer für die Verfilmung entwickeln sollen. (Die Kinoversion lief bereits im Oktober 2009.) Dadurch müssen sie nicht nur die Hauptthemen prägnant aufgreifen, sondern stehen unweigerlich vor der Frage der atmosphärischen Umsetzung.

Die thematischen Bausteine des Unterrichts

Baustein 1

Erste Leseeindrücke

1.1 „Akte: Tannöd" (Lesejournal)

Ähnlich wie ein Lesetagebuch in der Sek. I bzw. ein Lesejournal in der Sek. II sollen die Schülerinnen und Schüler sich in die Rolle des ermittelnden Kommissars hineinversetzen und die „Akte: Tannöd" anlegen (mögliche Vorlage für das Deckblatt auf **Arbeitsblatt 1**, S. 21, Arbeitsanregungen auf **Arbeitsblatt 2**, S. 22). Während sie lesen, können sie in ihrer Akte vergleichbare, aktuelle Morde in Form von Zeitungsartikeln sammeln, Kernzitate aus dem Roman aufschreiben, Skizzen des Tathergangs entwickeln etc. Die gewonnenen Ergebnisse können als fundierte Grundlage für die weitere Arbeit genutzt werden.[1] In der ersten Stunde können sich die Schülerinnen und Schüler in Gruppen über ihre Erfahrungen mit dem Erstellen ihrer Akte austauschen. Gleichzeitig sollen sie aber auch inhaltlich ins Gespräch kommen.

■ *Beschreiben Sie in Ihrer Gruppe kurz die Erfahrungen, die Sie mit der „Akte" gemacht haben. Stellen Sie anschließend Ihren Gruppenmitgliedern einen Kernpunkt Ihrer Akte vor. Begründen Sie Ihre Wahl.*

1.2 Gedanken zu einem Bild

Der erste Leseeindruck kann mit Gedanken zu einem Bild eingefangen werden. Damit umgeht man die traditionelle Kartenabfrage und bietet den Schülerinnen und Schülern gleichzeitig eine andere Zugangsmöglichkeit zum Roman.
Die Schülerinnen und Schüler suchen sich aus dem ausgelegten Bildmaterial (vgl. Bilder als Kopiervorlagen, **Arbeitsblatt 3 a/b**, S. 23 f.) ein Bild aus, das sie besonders anspricht und ihrer Meinung nach in direktem Zusammenhang oder auch Widerspruch mit dem gelesenen Roman steht. Sollte die Anzahl der im Unterrichtsmodell enthaltenen Bilder nicht ausreichen, kann die Lehrperson Ergänzungen vornehmen. Denkbar wären die Abbildung eines Kreuzes (Religiosität), eine Gruppe von Menschen (Dorfgemeinschaft), eine einsame Frau (Barbara Spangler), ein Beichtstuhl (Inzucht) usw.

---

[1] Vgl. Karin Friedrich: Ein Buch zum Buch schreiben und beurteilen. Ein Lesejournal zu Bernhard Schlinks *Der Vorleser*, in: Praxis Deutsch 184 (2004), S. 46–53. Wenn das Lesejournal nicht nur als Einstieg oder als Begleitung zur Lektüre, sondern als vollständiges Unterrichtskonzept eingesetzt werden soll, empfiehlt es sich, die Ausführungen von Karin Friedrich zugrunde zu legen.

Danach setzen sich alle in den vorbereiteten Stuhlkreis und stellen ihre Bilder vor, die sie danach in die Mitte des Kreises legen.

■ *Beschreiben Sie Ihr ausgesuchtes Bild kurz und erläutern Sie, warum Sie sich im Zusammenhang mit dem Kriminalroman „Tannöd" gerade für dieses Bild entschieden haben.*

1.3 Schreibgespräch

Alternativ dazu wäre es denkbar, die Form eines Schreibgesprächs zu wählen.
Die Arbeit erfolgt in Kleingruppen. Ein großer Bogen Papier wird in der Mitte des Tisches platziert und Stifte unterschiedlicher Farbe werden an die Schülerinnen und Schüler ausgegeben. Während der ersten Phase dürfen sie nicht miteinander reden, sondern sind gezwungen, das mitzulesen oder schriftlich zu kommentieren, was die Mitschülerinnen bzw. Mitschüler aufgeschrieben haben. Jeder kann das hinschreiben, was er möchte. Bei Unklarheiten kann man eine Äußerung mit einem Fragezeichen versehen, zusammengehörende Aussagen können mit Pfeilen verbunden werden etc., sodass sich im Laufe des Schreibgesprächs Verästelungen ergeben. In der zweiten Phase des Gesprächs erfolgt die mündliche Auswertung. So können die Schülerinnen und Schüler überlegen, an welchen Stellen sich wichtige Themenbereiche herauskristallisiert haben bzw. wo es Probleme gab und was die Gründe dafür sind.

■ *Führen Sie ein Schreibgespräch, indem Sie Ihre ersten Leseeindrücke heranziehen. Überlegen Sie, was Ihnen für die Behandlung des Romans besonders wichtig erscheint.*

1.4 Eckengespräch

Um die Schülerinnen und Schüler in einen lockeren Austausch zu bringen, ist es alternativ auch möglich, das Eckengespräch zu wählen. Durch die Beschriftung der vier Ecken erfolgt bereits eine stärkere Lenkung im Hinblick auf die spätere thematische Strukturierung.
In den vier der im Raum befindlichen Ecken wird jeweils ein Plakat mit folgenden Titeln angebracht: die Tannöder/die Gemeinschaft, der Mörder (Georg Hauer), die Familie Danner, die Konstruktion des Kriminalromans. Die Schülerinnen und Schüler sollen sich in Gruppen an den vier Ecken aufteilen und über die vorgegebene Thematik ins Gespräch kommen. Danach wird der Standort je nach Gusto gewechselt, bis jeder jedes Thema andiskutiert hat. Der Lehrer signalisiert das Ende jeder Gesprächseinheit.

■ *Ordnen Sie sich einem Thema zu und tauschen Sie sich in Kleingruppen darüber aus. Das Signal zeigt den Wechsel zum nächsten Thema an.*

Im Plenum werden je nach Variante (s. o.) die einzelnen Ergebnisse vorgestellt oder zusammengefasst. Der Lehrer oder eine Schülerin/ein Schüler übernimmt die Aufgabe, die wichtigsten Themen- oder Problemfelder auf Folie oder an der Tafel festzuhalten.
Folgende Aspekte können über eine „(Themen-)Landkarte" festgehalten werden:

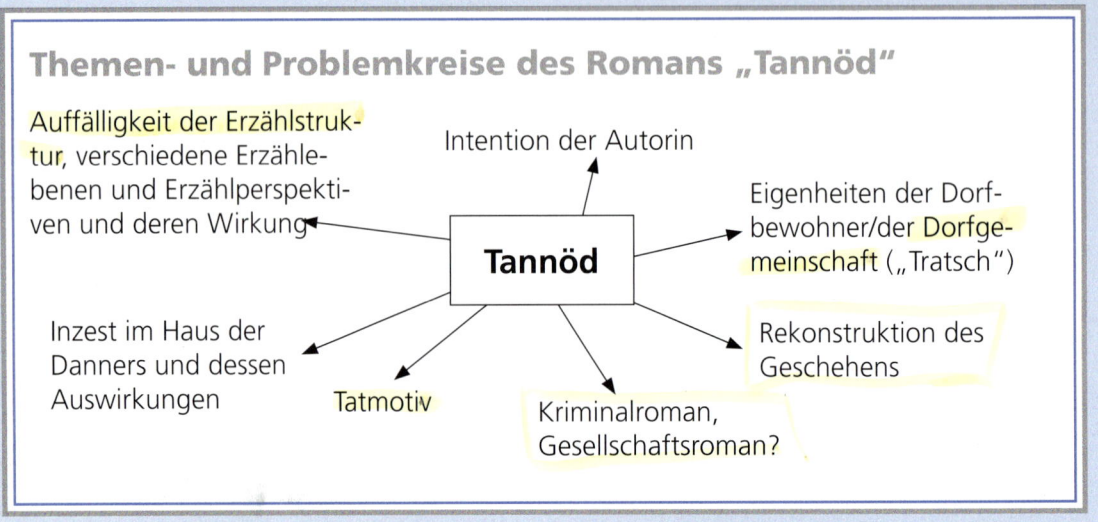

Themen- und Problemkreise des Romans „Tannöd"

Auffälligkeit der Erzählstruktur, verschiedene Erzählebenen und Erzählperspektiven und deren Wirkung

Intention der Autorin

Tannöd

Eigenheiten der Dorfbewohner/der Dorfgemeinschaft („Tratsch")

Inzest im Haus der Danners und dessen Auswirkungen

Tatmotiv

Kriminalroman, Gesellschaftsroman?

Rekonstruktion des Geschehens

Vertiefend soll der vorhandene Klappentext der Textausgabe für einen ausgewählten Leserkreis mithilfe der gewonnenen Erkenntnisse fundiert und präzisiert werden.

■ *Berücksichtigen Sie die erarbeiteten Ergebnisse und überarbeiten Sie den vorhandenen Klappentext Ihrer Textausgabe. Ergänzen Sie bzw. verändern Sie ihn dort, wo es Ihnen notwendig erscheint, um dem Leser ein möglichst fundiertes Bild des Kaufobjekts zu geben.*

Alternativ dazu kann für die Schülerinnen und Schüler, die sich gerne zeichnerisch ausdrücken, die Aufgabe der Titelbildgestaltung gestellt werden. Hier werden die bereits erarbeiteten Ergebnisse weniger literarisch, sondern vielmehr bildnerisch über eine Zeichnung, eine (Text-)Bildcollage etc. umgesetzt.

■ *Gestalten Sie für die Schülerausgabe des Romans ein neues Cover. Achten Sie darauf, dass zwischen Bild/Zeichnung/(Text-)Bildcollage und Romaninhalt eine Verbindung gezogen werden kann.*

Notizen

_____

_____

_____

_____

_____

_____

_____

_____

_____

_____

Deckblatt für die „Akte: Tannöd"

Tannöd

Anregungen zum Erstellen der „Akte: Tannöd"

1. Erstellen Sie eine **Inhaltsangabe** des Romans.

2. Schreiben Sie **Textstellen** zu einem Ort, einer Person etc. heraus, die Ihnen besonders aussagekräftig erscheinen. Begründen Sie Ihre Wahl.

3. Notieren Sie sich **Fragen,** die Ihnen während der Lektüre in den Sinn gekommen sind.

4. Erstellen Sie eine **Konstellationsskizze,** in der die Verhältnisse der einzelnen Personen zueinander deutlich werden.

5. Kommentieren Sie die **Verhaltensweisen/Einstellungen** einzelner Personen.

6. Entwerfen Sie eine **Skizze des Tatorts.**

7. Füllen Sie **Leerstellen** aus, indem Sie
   a) einen **Dialog** entwerfen, der so nicht stattfindet,
   b) einen **inneren Monolog** verfassen, der die Hintergründe des Geschehens näher beleuchtet,
   c) einen **Tagebucheintrag** gestalten, der Vorfälle aufgreift und aus Sicht einer Person kommentiert.

8. Sammeln Sie **Zeitungsartikel** von ähnlichen Vorfällen und suchen Sie nach Gemeinsamkeiten/Unterschieden zum Fall „Tannöd".

9. Informieren Sie sich über den **zeitgeschichtlichen Hintergrund** der 1950er-Jahre und ordnen Sie die Informationen des Romans ein.

10. Suchen Sie nach geeigneten Informationen über den tatsächlichen Fall von 1922 in Hinterkaifeck, der als Ausgangspunkt des Romans diente.

11. Informieren Sie sich über die Autorin Andrea Maria Schenkel.

Alle Fragen sind als Anregungen zu verstehen. Auf keinen Fall sollten sie sklavisch abgearbeitet werden. Wichtig ist, dass Sie mit dem Romantext arbeiten und Ihre Ergebnisse fundieren.

Viel Erfolg!

Vorlagen für die Gedanken zu einem Bild

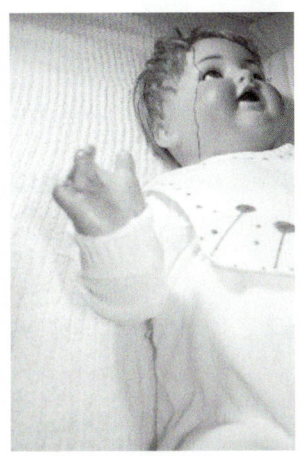 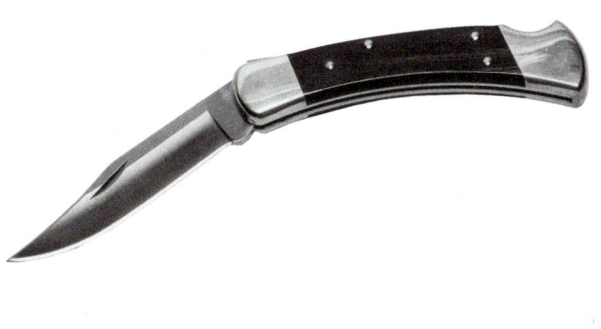

 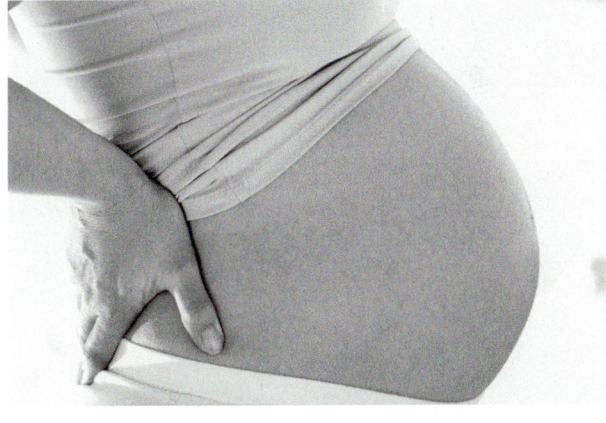

Vorlagen für die Gedanken zu einem Bild

Die Erzählstruktur des Romans

Wie bereits unter „Aufbau des Romans" kurz dargelegt, ist der Roman mosaikartig angelegt. Dieses Mosaik gilt es zu entwirren, will man sich die Chronologie der Ereignisse vor Augen führen. Es geht aber nicht nur darum, die Geschehnisse nachzuvollziehen, sondern auch um die Entschlüsselung der erzählerischen Mittel, derer sich Schenkel bedient. Aus diesem Grund ist dieser Baustein zweigeteilt. Zunächst sollen die Schülerinnen und Schüler durch genaue Textarbeit die Ereignisse rekonstruieren, was aufgrund des geringen Umfangs des Romans trotz der Komplexität machbar ist. In einem zweiten Schritt wird nun die Frage zu behandeln sein, warum Schenkel die Geschehnisse erst nach und nach entfaltet. Ergänzend zu diesem Baustein können die **Zusatzmaterialien 1 – 2** (S. 87 – 90) hinzugezogen werden.

2.1 Die Chronologie des Geschehens

Der Einstieg in die Thematik erfolgt über ein Textzitat auf Folie (**Arbeitsblatt 4**, S. 37), das den ermittelnden Kommissar am Anfang des Romans zu Wort kommen lässt.

> ■ *Welche Schwierigkeiten ergeben sich für den ermittelnden Kommissar vor Ort? Welchen Vorteil hat der Leser des Romans gegenüber dem ermittelnden Kommissar? Nennen Sie die wichtigsten Zeitebenen, in die sich das Geschehen aufteilt.*

Der Kommissar steht zunächst vor dem Problem, dass er das Geschehen mithilfe der Zeugenaussagen rekonstruieren muss. Der Leser hat ihm gegenüber einen ungemeinen Vorteil, da er nicht nur die Zeugenaussagen mitverfolgt, sondern auch die Innensicht des Täters kennenlernt. Grundsätzlich ergeben sich fünf Zeitpunkte, die genannt werden können:

1. Geschehen vor dem Mord
2. Mordabend/Mordnacht
3. Geschehen in den Tagen nach dem Mord
4. Entdeckung des Mordes
5. Nach der Entdeckung des Mordes

Die Antworten der Schülerinnen und Schüler werden als erste Hypothesen im Unterrichtsgespräch aufgegriffen. Die Grundfolie (**Arbeitsblatt 5a**, S. 38) veranschaulicht den Ablauf nochmals und sollte als weitere Orientierung dienen.
Durch die festgelegte Chronologie (fünf Zeitebenen) ergibt sich eine Textarbeit in fünf arbeitsteiligen Gruppen.
Die Schülerinnen und Schüler sollen sich im Sinne des genauen Arbeitens nun in einem Erarbeitungsschritt Stichpunkte über die Chronologie der Ereignisse notieren, um diese mit den Zeitebenen in Beziehung setzen zu können. Konkrete Hilfen und Anleitungen finden sich auf dem **Arbeitsblatt 5b**, S. 39.
Jede Gruppe erhält einen Folienschnipsel, deren Größe mithilfe der Grundfolie (**Arbeitsblatt 5a**) angepasst werden kann.

1. *Lesen Sie die angegebenen Textstellen des Ihnen zugeteilten Abschnittes erneut. Notieren Sie sich wichtige Hinweise, die Aufschluss über das Geschehene geben.*

2. *Tragen Sie Ihre Ergebnisse in der Gruppe zusammen und wählen Sie die wichtigsten Fakten aus. Übertragen Sie diese auf Ihren Folienschnipsel. Arbeiten Sie mit Textbelegen.*

3. *Präsentieren Sie anschließend Ihre Ergebnisse.*

Die Ergebnisse der Erarbeitungsphase werden sukzessive vorgestellt und auf die Grundfolie gelegt. Dabei können die konkreten Zeitpunkte handschriftlich nachgetragen werden.

Die Chronologie der Ereignisse in „Tannöd"

Geschehen vor dem Mord   Geschehen in den Tagen   Nach der Entdeckung
                           nach dem Mord   des Mordes

Fr, 18.03. auf Sa, 19.03.1953/55?   Di, 22.03.

Sa, 19.03. bis Di, 22.03.

Mordabend/Mordnacht   Entdeckung des Mordes

• im letzten Sommer: Besuch des Monteurs Kurt Huber; er kennt daher den Dannerhof (S. 52 ff.) • Ankunft Maries auf dem Dannerhof (S. 26 ff.) • „Mich", der Hausierer, versteckt sich auf dem Speicher, um die Danners auszurauben (S. 73 f.) • Barbara geht mit der Absicht zum Pfarrer, sich von der Schuld des Inzestes freizukaufen (S. 153 f.)	• Georg Hauer: Gespräch mit Barbara in angetrunkenem Zustand; tötet im Affekt alle mit einer Spitzhacke (S. 160 f.) • Mich beobachtet das Geschehen und flüchtet unbemerkt (S. 163) • Georg Hauer wischt sich die Hände an einem Tuch ab, das er nicht wegwirft, sondern aufhebt (S. 165)	• Georg Hauer: Versorgung des Dannerhofes; Verlust des Taschenmessers; Wiederbeschaffung des Messers; die Tür des alten Maschinenschuppens wird nicht geschlossen; (fast) Zusammentreffen mit dem Monteur (S. 9 f., 58 f., 61 f.) • Marianne fehlt in der Schule (S. 13); die Familie fehlt in der Kirche • Der Postbote bemerkt, dass offenbar niemand zu Hause ist (S. 46–48) • Der Monteur Kurt Huber repariert die Maschine. Er vermutet, dass der Hof verlassen ist (S. 52–57) • Hauer, der Gewissensbisse hat (S. 106 ff.), versucht, die Leichen zu vergraben (S. 50 f.)	• Hansl Hauer wird von seiner Tante geschickt, um nach dem Rechten zu sehen (S. 90) • Er holt Hilfe, weil ihm der verlassene Hof unheimlich erscheint • Hauer, Sterzer und Alois entdecken die Leichen; die treibende Kraft dabei ist Georg Hauer (S. 97 f.)	• Marianne ist nicht in der Schule (S. 15) • Niemand der Danners ist sonntags in der Kirche (S. 65) • Die Probleme der Fremdarbeiterin Amelie auf dem Hof der Danners und die Vermutung, sie sei gerächt worden, werden erläutert (S. 114 f.) • Geschichten über den Mann von Barbara werden erzählt (S. 138 f.) • Zeitungsbericht (S. 140 ff.) • Vermutungen über den Täter (Teufel) werden angestellt (S. 143 f.)

Als **Alternative** zu dem bisher geschilderten Vorgehen in der Erarbeitungsphase bietet sich die produktionsorientierte Form des Arbeitens an, indem sich die Schülerinnen und Schüler als fiktive „Einsatzgruppen" der Mordkommission mit der Chronologie des Geschehens beschäftigen. Dabei kann die Grundfolie als Orientierungsmöglichkeit auch hier verwendet werden. Die Gruppen können entweder frei zusammengestellt oder ausgelost werden. Um sicherzugehen, dass allen Schülerinnen und Schülern die wichtigsten Seitenzahlen vorliegen, kann das **Arbeitsblatt 6** (S. 40) mit einem Plakat ausgeteilt werden.

■ *Stellen Sie sich vor, Sie seien Mitglied der Mordkommission und für einen Teilabschnitt der Rekonstruktion des Geschehens verantwortlich.*
   a) Befragen Sie den Text nochmals auf zweckdienliche Hinweise, die Aufschluss über das Geschehen geben.
   b) Erstellen Sie für die nächste Gruppenbesprechung der Mordkommission einen detaillierten Ablaufplan. Sichern Sie Ihre wichtigsten Ergebnisse auf Plakat, damit Sie eine Visualisierungshilfe für Ihre Kolleginnen und Kollegen haben.

Die Präsentation der Plakate erfolgt in einer Gruppenbesprechung, in der die einzelnen Ergebnisse chronologisch vorgetragen werden, wodurch ein zusammenhängendes Gesamtbild der Geschehnisse entsteht.
Folgende Aspekte sollten durch die unterschiedlichen Gruppen aufgegriffen werden:

GRUPPE 1: Freitagsmorgens (18.03.), noch vor Sonnenaufgang, trifft der Landstreicher und Gelegenheitsarbeiter Michael Baumgartner, genannt Mich, am Hof ein. Er bricht über den alten Maschinenschuppen in den Stadl ein und legt sich unter dem Dach auf die Lauer. Da er die Familie Danner für recht wohlhabend hält, will er einen günstigen Zeitpunkt abwarten, um sie auszurauben (S. 73 f.).

GRUPPE 2: An einem regnerischen und stürmischen Abend (Fr, 18.03.) trifft die neue Magd, Maria Meiler, mit ihrer Schwester, Traudl Krieger, auf dem Hof in Tannöd ein. Traudl verlässt den Ort wieder nach einer Stunde (S. 26 ff.).

GRUPPE 3: Abends, unmittelbar vor dem Mord, sitzt Theresia Danner betend am Küchentisch, die neue Magd ist zum Auspacken auf ihr Zimmer gegangen, Hermann Danner, Marianne und Josef Spangler liegen in ihren Betten, Barbara Spangler befindet sich im Stall (S. 79 f.). Den Hund hat Hermann Danner an diesem Abend aus Angst vor Einbrechern in den Stadl gesperrt (S. 159 ff.). Mich schleicht, nachdem es im Haus ruhig geworden ist, zur Tenne und bemerkt, dass Georg Hauer im Stadl auf Barbara Spangler wartet, die in diesem Moment den Stadl betritt (S. 159 ff.).

GRUPPE 4: Mich beobachtet hörend das Geschehen. Georg Hauer würgt Barbara nach einem immer hitziger werdenden Wortgefecht (S. 160/141), anschließend schlägt er mit einer Spitzhacke auf sie ein und schleift sie dann in die Mitte des Stadls (S. 160 f.). Theresia Danner, die ihre Tochter sucht, wird noch in der Tür zum Stadl ebenfalls mit der Spitzhacke erschlagen. Auch Hermann Danner, schlaflos, verlässt schließlich seine Kammer in Richtung Stall (S. 86 f.) und wird dort erschlagen. Ebenso ergeht es der kleinen Marianne. Sie verlässt ihre Stube und läuft dem Mörder im Stadl in die Arme (S. 19). Anschließend verlässt Hauer den Stadl, um im Haus die Magd Marie zu ermorden (S. 19/168), als diese die Tür ihrer Kammer schließen möchte, die vom Wind auf- und zufliegt (S. 39). Der kleine Josef wird ebenfalls ermordet.

GRUPPE 5: Die Leichen im Stadl verbirgt er unter einem Strohhaufen (S. 97/141), die Magd wird notdürftig mit einem Federbett bedeckt (S. 99), Josef wird in seinem Kinderbett zurückgelassen (S. 169).

Im Rückgriff auf den Einstieg in die Thematik kann im Unterrichtsgespräch anschließend die Frage nach der völlig anderen Umsetzung im Roman selbst wieder aufgegriffen werden.

■ *Was ist das Besondere an der Erzählstruktur in „Tannöd"? Welche Wirkung wird damit erreicht?*

An dieser Stelle sollte den Schülerinnen und Schülern bewusst sein, dass der „fiktive" Wechsel von Innen- und Außenperspektive [Erzählerpassagen (Opfer, Täter, Mich) vs. Zeugenaussagen] sowie die mosaikartige Anlage und Vernetzung derselben die Besonderheiten in der Struktur ausmachen.
Um die Äußerungen in den Romantext einzubinden, sollen sich die Schülerinnen und Schüler mit ausgewählten Textstellen und deren Wirkung auseinandersetzen. Dabei sollen sie arbeitsteilig vorgehen, um sich gegenseitig zu entlasten. Hilfreich hierbei kann das **Arbeitsblatt 7** (S. 41) sein, das nochmals die wichtigsten Informationen zu den erzählerischen Mitteln zusammenfasst.
Zuteilung:
Gruppe 1: S. 61 – 63 (Georg Hauer)
Gruppe 2: S. 75 – 78 (Georg Hauer)
Gruppe 3: S. 140 – 142 (Zeitungsbericht)

■ *Analysieren Sie die Ihnen zugeteilten Textstellen unter besonderer Berücksichtigung der verwendeten Erzählform und des Erzählverhaltens, der Sprache sowie des Satzbaus (Gruppe 1: S. 61 – 63 [Georg Hauer], Gruppe 2: 75 – 78 [Georg Hauer], Gruppe 3: S. 140 – 142 [Zeitungsbericht]).*
Überlegen Sie in einem zweiten Schritt, welche Wirkung beim Leser erzeugt wird.

Die Ergebnisse werden im Unterrichtsgespräch abgerufen. Dabei können sie sprachlich reduziert in einem Tafelbild oder auf Folie festgehalten werden. Die drei Seiten der Tafel können dabei so genutzt werden, dass die Ergebnisse nebeneinander angeordnet werden (vgl. Tafelbild auf S. 29).

2.2 Die Erzählstruktur und deren Funktion

Als Einstieg in die Thematik kann im gemeinsamen Gespräch überlegt werden, welche Faktoren im Hinblick auf die Gestaltung des Romans für seinen großen Erfolg gesorgt haben.

■ *Nennen Sie mögliche Gründe, die den Roman auch bei „Nichtkrimilesern" so beliebt gemacht haben. Beziehen Sie sich besonders auf die erzählerische Gestaltung.*

Durch diese Hinführung wird der Fokus unmittelbar auf die Problematik der Konstruktion des Romans gelegt. Die Ergebnisse zu den erzählerischen Mitteln (s. o.) können hier nochmals aufgegriffen und eingebunden werden. Ergänzend dazu werden die Schülerinnen und Schüler wahrscheinlich die Erzeugung von Spannung durch die unterschiedlichen Perspektiven nennen.
In einem nächsten Schritt leitet sich nun die Frage ab, welche Gedanken sich die Autorin selbst während des Schreibprozesses gemacht hat. Hierzu kann ein Auszug aus einem Interview mit Andrea Maria Schenkel herangezogen und bearbeitet werden (**Arbeitsblatt 8**, S. 42; das vollständige Interview findet sich im **Zusatzmaterial 2**, S. 88 ff.).

Beispiele für die erzählerischen Mittel in „Tannöd"

Gruppe 1: S. 46–47 (Georg Hauer)

- Erzählform: Er-Form
- Erzählverhalten: personal (ermöglicht die Innensicht der Person); Gefühle und Gedankenwelt werden dem Leser vermittelt; Erinnerungen sind hier eingebunden (Rückblick), um die Wichtigkeit des Taschenmessers zu betonen (erlebte Rede: „Warum dachte er heute Morgen nicht daran?", S. 62)
- Sprache: einfach, teilweise umschreibend („Ein Klappmesser, ein wunderschönes, handliches Messer mit brauner Griffschale", S. 61); Präsens, Rückblicke im Präteritum
- Satzbau: fragmentarische, einfache (Haupt-)Sätze („Am Tag seiner Firmung", S. 61/„Klettert schließlich in die Wassergrube", S. 63); Fragen („Wo hatte er es liegen lassen?", S. 62); sich wiederholende Satzanfänge („Er …", S. 46 f.)
- → Der Leser ist ganz im Geschehen. Er erlebt alles unmittelbar mit der Figur Georg Hauer, der in Panik verfallen ist, da er sein geliebtes Taschenmesser am Tatort vergessen hat.

Gruppe 2: S. 75–78 (Georg Hauer)

- Erzählform: Ich-Form
- Erzählverhalten: personal (Sicht Hauers; Gefühle und Gedankenwelt werden dem Leser vermittelt); auktoriale Elemente sind durch die über Hauer vermittelten Andeutungen Danners in der direkten und indirekten Rede bedingt enthalten („Dabei war ihm die ganze letzte Nacht so gewesen, als wäre einer am Dachboden umgegangen", S. 76)
- Sprache: umgangssprachliche Ausdrücke, Zwischenbemerkungen als Vorgriffe für den Leser („Seit der Sache mit der Barbara, da bin ich dem Danner immer ein bisschen aus dem Weg gegangen", S. 75); Schluss des Ge-

sprächs („Alles Weitere wissen Sie ja", S. 78) erinnert den Leser an die Zeugenvernehmung/den Verhörmodus; das Gespräch zwischen Danner und Hauer wird in der direkten und indirekten Rede wiedergegeben; wörtliche Rede wird besonders bei wichtigen Details (z. B. verlorener Haustürschlüssel) verwendet, um die Situation noch unmittelbarer darzustellen; Wechsel zwischen Präsens/Präteritum

- Satzbau: fragmentarisch, einfach, erinnert an die gesprochene Sprache
- → Der Leser rückt in die Rolle des Gegenübers/des Kommissars, wenngleich Zwischenfragen seinerseits ausgespart sind. Es handelt sich um einen ausschließlich berichtenden Monolog (Erzählbericht) Hauers. Durch Andeutungen wird der Leser neugierig gemacht.

Gruppe 3: S. 140–142 (Zeitungsbericht)

- Erzählform: Sie-Form
- Erzählverhalten: auktorial, neutral (Wiedergabe von bereits bekannten Fakten)
- Sprache: sachbezogene Wortwahl, Replik auf die Angaben der Polizei, Vermutungen sind als solche gekennzeichnet („laut Stellungnahme", S. 141; „Angeblich …", S. 142); wertende, reißerische Adjektive („quälende Fragen", S. 140; „erschüttert", S. 141); Präteritum
- Satzbau: einfacher Satzbau, nur bedingt Satzgefüge
- → Der Leser ist jetzt der Zeitungsleser, der die wichtigsten Ereignisse nochmals zusammengefasst präsentiert bekommt. Allerdings verfolgt er bereits mehrere, durch die Handlung vorbereitete Vermutungen im Hinblick auf den möglichen Täter.

■ *Arbeiten Sie die Intention der Autorin Andrea Maria Schenkel in Bezug auf die Gestaltung des Romans „Tannöd" heraus.*

Die Ergebnisse können als Tafelskizze festgehalten werden:

Die Autorin Andrea Maria Schenkel über die Konzeption ihres Romans

● unterschiedliche Perspektiven (→ Lebendigkeit der Geschichte, Spaß beim Lesen)

● authentischer Fall als Grundgerüst

● mit dem Herzen geschrieben („wie ich es selbst als Leser gerne lesen möchte")

● Roman erreicht seit der Sendung „Lesen!" breites Publikum

Aus den Selbstaussagen der Autorin ergibt sich die Notwendigkeit der tiefer gehenden Überprüfung durch intensive, exemplarische Textanalyse. Dafür erhalten die Schülerinnen und Schüler das **Arbeitsblatt 9**, S. 43 **(Lösung, S. 44)**.

■ *Neben den unterschiedlichen Perspektiven werden der „Spaß beim Lesen" und die Spannung innerhalb des Romans noch durch weitere Möglichkeiten ausgeschöpft. Arbeiten Sie die Mittel der Spannungssteigerung auf den Seiten 64 bis 66 heraus. Orientieren Sie sich an den in der Tabelle aufgeführten Leitfragen:*
   a) Was weiß der Leser bis zu diesem Zeitpunkt über den Mord?
   b) Welche Informationen werden erneut aufgegriffen? Welche Informationen sind neu?
   c) Wie werden die Inhalte vermittelt (Erzählform, Perspektive, Sprache)?
   d) Welche Funktion hat der letzte Satz im Kontext des Romans („Dort haben sie sie ja auch alle gefunden", S. 66)?

Selbstverständlich kann dieser Arbeitsauftrag auch wieder arbeitsteilig erfolgen.
Bei der im Unterrichtsgespräch stattfindenden Auswertung empfiehlt sich die Praxis der Sicherung auf Folie, die durchaus von verschiedenen Schülern vorgenommen werden kann. Hierzu kann die Vorlage des Arbeitsblattes für die Schülerinnen und Schüler auf eine Folie gezogen werden. Nach dem Vergleich des Erarbeiteten sollte ein zusammenfassendes Fazit formuliert werden, was die Ergebnisse nochmals bündelt. Grundsätzlich sollten folgende Mittel der Spannungserzeugung erkannt werden: das Spiel mit den verschiedenen Perspektiven (Zeugenaussagen, Opfer/Täter) und damit auch die Gesamtstruktur des Romans, die damit verbundene unmittelbare Sprache, die Versorgung des Lesers mit gezielt gesetzten Informationen und deren Wiederholung sowie die Vorausdeutungen.
In einem weiteren Schritt sollen die Schülerinnen und Schüler in Partnerarbeit weitere Elemente der Spannungserzeugung ergänzen, indem sie andere Textstellen kursorisch überprüfen.

■ *Ermitteln Sie weitere auffällige Elemente, die charakteristisch für den Erzählaufbau und die Erzeugung von Spannung in „Tannöd" sind. Was macht den Roman „authentisch und ehrlich"? Halten Sie Ihre Ergebnisse in Stichpunkten fest.*

Die Ergebnisse können in einem das Arbeitsblatt ergänzenden Tafelbild festgehalten werden:

Mittel der Spannungserzeugung in „Tannöd" (Ergänzung zum Arbeitsblatt)

Erzählaufbau:

- Durchbrechung der Struktur durch Gebete, die als Rahmen fungieren
- ein Kommissar tritt nur am Anfang auf; Ermittlung liegt in der Hand des Lesers (Bemerkung des Kommissars, S. 5, ist gleichsam als Prolog vorgeschaltet)

Mittel der Spannungssteigerung:

- Betonung des schlechten Wetters, Dunkelheit, Sturm (S. 30, 24, 30)
- Charakterisierung der Danners und des Hofes als unheimlich und seltsam (S. 30 ff.)
- Hinweise auf die Verlassenheit des Hofes (brüllendes Vieh, winselnder Hund)
- „falsche Fährten" als Erklärungsansätze für die Tat: Geschichte von Amelie, Mythos, dass der Teufel umgehe (S. 113, 118, 143 f.)
- gezielt gesetzte Vorausdeutungen (S. 44)
- Betonung der Unmenschlichkeit der Tat (z. B. S. 139)

Im Anschluss daran sollen die Schülerinnen und Schüler in einem Brief an die Autorin Stellung zu der Struktur des Romans nehmen. Dabei sollen sie sich auf das zu Beginn der Stunde präsentierte Interview beziehen. Das bisher Erarbeitete wird durch diese produktionsorientierte Aufgabe gebündelt und vertieft.

> ■ *„Ich habe das Buch so geschrieben, wie ich selbst als Leser es gerne lesen möchte." (Andrea Maria Schenkel)*
> *Entwerfen Sie einen Brief an die Autorin Andrea Maria Schenkel, in dem Sie Stellung zu der Konzeption des Romans nehmen. Lassen Sie die bisherigen Ergebnisse der Stunde in Ihre Arbeit einfließen.*

2.3 Die Litanei

Thematisch gehört dieser Teil unbedingt zum „Aufbau des Romans". Methodisch und didaktisch empfiehlt es sich jedoch, diesen Teilaspekt erst nach Abschluss des vierten Bausteins anzusprechen. Denn erst dann haben die Schülerinnen und Schüler alle notwendigen Aspekte analysiert, um die Funktion des letzten Kapitels und die der Litanei richtig interpretieren zu können.

Andrea Maria Schenkel verweist im Einband auf den Titel der in ihrem Roman befindlichen Litanei: „Litanei zum Troste der armen Seelen (zum Privatgebrauch)". Diese Litanei geht mit großer Wahrscheinlichkeit auf den Kapuzinerpater Martin von Cochem (1634–1712) zurück. Pater Martin war zu seiner Zeit ein „Bestsellerautor" zahlreicher religiöser Bücher, die zum Teil bis in die 50er-Jahre des 20. Jahrhunderts (überarbeitet) nachgedruckt wurden. Die vorliegende Litanei findet man meist in Auszügen (teilweise auch in geänderter Wortwahl) in den vielen Gebet- und Andachtbüchern, die zwischen 1870 und 1930 erschienen sind.[1] Durch die Litanei hat Schenkel nicht nur religiöse Anklänge im Verlauf des gesamten Romans geschaffen. Gerade das letzte Kapitel rundet diesen Eindruck ab, indem hier verstärkt religiöse Begrifflichkeiten auftauchen: Hauer legt kein Geständnis ab, sondern er „beichtet"; Anna soll ihm die „Absolution" geben (S. 165, 167). Der Roman endet mit der bittenden Abschlussformel „Herr, erhöre mein Gebet, und lass mein Rufen zu Dir kommen! Amen!" (S. 171). Offensichtlich scheinen die Menschen nicht mehr in der Lage zu sein, die privaten und gesellschaftlichen Missstände zu lösen, da jeder sich selbst der Nächste ist. Stattdessen wird auf Gott als eine transzendente Macht zurückgegriffen. Für diese Hoffnungslosigkeit sprechen auch Georg Hauers Einstellung und sein Entschluss, sich das Leben zu nehmen: „Ich sage dir, jeder ist einsam sein ganzes Leben lang. Alleine ist er, wenn er zur Welt kommt, und alleine stirbt er. Und dazwischen, gefangen war ich in meinem Körper, gefangen in meinem Verlangen. Ich sage dir, es gibt keinen Gott auf dieser Welt, es gibt nur die Hölle. Und sie ist hier auf Erden in unseren Köpfen, in unseren Herzen" (S. 170).

Die Litanei bildet sowohl einen Rahmen um das Geschehen als auch einen Bezugspunkt zwischen den mosaikartig angelegten perspektivischen Stücken des Romans. Auf den ersten Blick geht es um die ermordete Familie Danner, für die gebetet wird. In einer tieferen Dimension könnte das Gebet jedoch auch auf die eigentlich schon „tote" Gesellschaft und die aus ihr hervorgegangenen Opfer und den Täter der Mordnacht ausgeweitet werden. Jeder aus dieser kleinen Gesellschaft ist in gewisser Weise schuldig geworden. Dadurch wird die Tat nicht entschuldbar, aber die Komplexität des Geschehens wird dem Leser verdeutlicht. Als Hinführung zur Thematik kann ein kurzer Lehrervortrag zum Thema Litanei dienen. Alternativ dazu können sich die Schülerinnen und Schüler aber auch im Vorfeld des Unterrichts selbst informieren. Wichtig ist, dass folgende Grundinformationen für alle transparent sind. Ggf. können diese auch an der Tafel gesichert werden.

Litanei

(griech. litaneia „das Beten"): Es handelt sich um ein Bitt- und Fürbittgebet, das im Wechsel stattfindet. Die Gemeinde antwortet dem Vorbeter meist mit einer gleichbleibenden Bittformel. Meist wendet sich die Litanei an alle Heiligen.

In einem weiteren Schritt geht es darum zu klären, welche Rolle die Litanei in dem Roman „Tannöd" spielt. Dabei sollten erste Hypothesen im Unterrichtsgespräch genannt werden. Um später darauf zurückzugreifen, können diese auf einer Tafelseite in Stichpunkten gesammelt werden. Die nachfolgenden Leitfragen sollen helfen, das Tafelbild gemeinsam mit den Schülerinnen und Schülern zu erarbeiten.

■ *Welche Bedeutung hat die Litanei im Roman insgesamt? Warum setzt Schenkel gerade die Form der Litanei ein?*
Erläutern Sie, inwieweit das Fürbittgebet einerseits den Danners, andererseits Georg Hauer gelten könnte. Überlegen Sie in diesem Zusammenhang, inwiefern die Beteiligten Schuld auf sich geladen haben.

---

[1] Dank gebührt an dieser Stelle Pfarrer H. Christ, dessen Hintergrundinformationen zu der Litanei äußerst hilfreich waren.

Die Bedeutung der Litanei

- Spiel zwischen Autor und Leser: Der Leser ist Mitglied der Gemeinde und betet die Bittformel beim Lesen mit. Man wird in das Geschehen hineingezogen.

- Bitte um Vergebung und Erlösung:
  Für die **Opfer** und den **Täter** wird gebetet.

Jeder aus der Familie Danner (ausgenommen die Kinder) hat durch sein Verhalten Schuld auf sich geladen:

- Hermann Danner: Brutalität seiner Frau gegenüber; Inzest mit Tochter

- Theresia Danner: erträgt alles, geht nicht gegen ihren Mann vor

- Barbara Spangler: nutzt diejenigen, die ihr zugetan sind, aus; macht die Männer von sich abhängig

Georg Hauer: dörfliche Enge; will ausbrechen und sucht nach Anerkennung und Liebe; Abhängigkeit von Barbara; Eskalation der Situation (Massenmord)

Wahrscheinlich wird an dieser Stelle eher weniger die Frage aufkommen, inwiefern denn die Dorfgemeinschaft auch in das Gebet eingeschlossen werden kann. Aus diesem Grund kann eine Diskussion seitens der Lehrperson angeregt werden.

■ *Überlegen Sie, welche Rolle die Dorfbewohner spielen. Erläutern Sie, inwieweit das Gebet auch der Dorfgemeinschaft gelten könnte.*

Die Ergebnisse können **alternativ** über eine Schreibaufgabe oder ein Partnerinterview gesichert werden.

■ *Schreibaufgabe: Stellen Sie sich vor, Sie erhalten als Andrea Maria Schenkel eine Anfrage bezüglich Ihres Romans. Der Verfasser möchte wissen, warum Sie die Litanei in Ihren Roman integriert haben. Antworten Sie ihm in einem ausführlichen Brief.*

■ *Partnerinterview: Sie sind als Bestsellerautorin zu einer renommierten Fernsehsendung eingeladen. Der Schwerpunkt der Gesprächsrunde liegt auf dem Thema „Konstruktion von Romanen". Erstellen Sie mit Ihrer Partnerin/Ihrem Partner einen Dialog, in dem Sie ausführlich auf die Rolle der Litanei in „Tannöd" eingehen.*

Die Präsentation der Ergebnisse erfolgt im Plenum. Dabei sollten nicht nur die Inhalte, sondern auch die jeweiligen Methoden reflektiert werden.

2.4 Genrefrage: Kriminal- und/oder Gesellschaftsroman?

Vorbereitend auf diesen Teilaspekt sollen die Schülerinnen und Schüler überlegen, welche Assoziationen sie mit der Thematik Kriminalroman und Gesellschaftsroman verbinden.

Auch dieser Baustein sollte ähnlich wie 2.3 erst nach Abschluss des vierten Bausteins bearbeitet werden.

Wie unter 2.3 bereits erläutert, ist es die Gesellschaft, die von Andrea Maria Schenkel thematisiert und kritisiert wird. Neben den traditionellen Elementen des Detektivromans (Zeugenaussagen, falsche Fährten, eng umgrenzter Ort etc.) werden noch Elemente des Gesellschaftsromans hinzugenommen. Deshalb ist es notwendig, dass den Schülerinnen und Schülern zunächst die Unterschiede beider Genres verdeutlicht werden, bevor sie den Roman „Tannöd" klassifizieren können.

 Der Einstieg in die Thematik erfolgt im Rückgriff auf die Vorbereitungen der Schülerinnen und Schüler. Hier können die Schülerinnen und Schüler ihre Assoziationen zu beiden Romantypen vorstellen. Die nachfolgenden Aspekte könnten dabei leitend sein und ihnen unter Umständen einfallen. Sie sollten deshalb als Einstieg in die Thematik an der Tafel kurz mitnotiert werden.

Assoziationen zum Kriminal- und Gesellschaftsroman

Kriminalroman:	Gesellschaftsroman:
spannend, abwechslungsreich ermittelnder Kommissar/Detektiv gejagter Täter, Mörder Verdächtige falsche Fährten …	unterschiedliche Perspektiven kritische Betrachtung Parodie (jmd. den Spiegel vorhalten) …

Hat diese Vorbereitung nicht stattgefunden, kann der Einstieg auch über ein Blitzlicht erfolgen. Reihum äußert jeder seine spontanen Einfälle zur Thematik „Kriminalroman/Gesellschaftsroman", die anschließend mündlich kurz zusammengefasst werden sollten, um den nächsten Arbeitsschritt einzuleiten.

Dieser erfolgt mithilfe einer Spielart der Karussell-Methode: Der Kurs/die Klasse wird geteilt. Ein Teil erhält Text 1 (**Arbeitsblatt 10**, S. 45, „Kriminalroman"), der andere erhält Text 2 („Gesellschaftsroman"). Jeder arbeitet mithilfe der vorgegebenen Leitfrage die wichtigsten Informationen aus dem Text heraus. Nach Ablauf einer zuvor abgesprochenen Zeit werden zwei Kreise gestellt: ein Innenkreis und ein Außenkreis. Im Innenkreis nehmen die Experten für den Kriminalroman, im Außenkreis die für den Gesellschaftsroman Platz. Danach beginnt der Innenkreis damit, dem Außenkreis Informationen zu vermitteln. Nach kurzer Zeit kommt der Außenkreis an die Reihe. Danach rotiert der Innenkreis im Uhrzeigersinn, sodass die Paare wechseln. Dieses Verfahren wird noch einige Male wiederholt. Dabei sollten sich die Schülerinnen und Schüler Notizen machen. Außerdem ist es gestattet, auch Rückfragen zu stellen. Da die Texte recht kurz, aber sehr dicht sind, ist eine Spielart der Methode denkbar. Nach Ablauf der Einarbeitungszeit sucht sich jeder einen Partner von der anderen Seite des Raumes und tauscht sich über die Ergebnisse aus.

Alternativ dazu können beide Texte aber auch in Stillarbeit gelesen und im Gespräch abgerufen werden.

■ *Benennen Sie mithilfe des Sekundärtextes wesentliche Merkmale des Kriminalromans bzw. Gesellschaftsromans. Orientieren Sie sich an den Kriterien: Handlung, Spannung/Spannungserzeugung, Figuren, Ort.*

Diese Merkmale sollten im Gespräch kurz mit den zuvor geäußerten Assoziationen verglichen werden. Dabei sollten Unterschiede und Gemeinsamkeiten benannt werden. Anschließend bzw. während der Abrufphase kann das Gesagte mithilfe einer Folie oder an der Tafel gesichert werden:

Wesentliche Merkmale des Kriminal- und Gesellschaftsromans

Kriminalroman

Handlung: rätselhaftes Verbrechen, Klärung, Lösung

Spannung: verschiedene Deutungsmöglichkeiten, Fährten

Figuren: geschlossener Personenkreis (Typisierung der Figuren), Detektiv mit Mitarbeitern

Ort: isolierte Räume

Gesellschaftsroman

Handlung: breite Zustandsschilderung; viele Handlungsstränge (zeitliches Nebeneinander); Gesellschaftsleben einer Zeit; breite, objektive Milieuschilderungen

Spannung: wenig ereignisreich; Konflikte der Gesellschaft ohne soziale Anklage; teils gesellschaftskritisch

Figuren: führende Schichten der Gesellschaft (Unterschichten sind eher soziale Folie)

Ort: durch die verschiedenen Handlungsstränge nicht festgelegt

---

Die Frage, die sich unweigerlich aus dem bisherigen Verlauf ergibt, ist die nach der Übertragbarkeit auf den Roman „Tannöd". Für die Untersuchung können die „alten" Paare aus der ersten Erarbeitungsphase bestehen bleiben oder man orientiert sich an der Sitzordnung, sodass letztlich immer zwei zusammenarbeiten.

■ *Orientieren Sie sich an den erarbeiteten Stichpunkten zum Kriminalroman bzw. Gesellschaftsroman. Überlegen Sie gemeinsam, welche Aspekte auf „Tannöd" übertragbar sind und wo Schenkel Veränderungen vornimmt. Orientieren Sie sich erneut an den Kriterien Handlung, Spannung/Spannungserzeugung, Figuren, Ort.*

Die Ergebnisse sollten im Gespräch miteinander verglichen werden. Dadurch kann das bereits begonnene Tafelbild bzw. die gestaltete Folie um die nachfolgenden Aspekte (sprachlich verkürzt) ergänzt werden:

„Tannöd" als ein Kriminal- und/oder ein Gesellschafts-roman?

„Tannöd" als Kriminalroman

Handlung: brutaler Mord, Befra-gungen → Abweichung: Nur der Leser, Mich und Hauers Schwägerin kennen den Täter.
Spannung: verschiedene Erklärungs-ansätze für die Tat; Spannung durch verschiedene Perspektiven
Figuren: geschlossener Personenkreis (Dorfgemeinschaft) → Abweichung: Kommissar kommt nur am Anfang und durch die Äußerungen der Per-sonen in den Verhören vor.
Ort: abgelegenes „Nest" (schlechtes Frühlingswetter)

„Tannöd" als Gesellschaftsroman

Handlung: Milieu der Dorfgemein-schaft (Leben, Gerüchte, Hackord-nung) → Abweichung: analytischer Handlungsstrang, aber Multiperspek-tivik (Mosaik)
Spannung: gesellschaftskritisch → Abweichung: Spannungsaufbau
Figuren: Hierarchie innerhalb der Dorfgemeinschaft → Abweichung: Es handelt sich nicht um führende soziale Schichten.
Ort: → Abweichung: festgelegter Ort (Tannöd, Hof der Danners)

Fazit: „Tannöd" orientiert sich hauptsächlich an der Anlage des klassischen Kriminal-romans. Darüber hinaus übernimmt der Roman aber auch die Funktionen des Gesellschaftsromans, indem ein Panorama der Dorfwelt gezeichnet wird. Der Mörder ist einer aus dieser Gemeinschaft. Die Kritik, die an dieser Gemeinschaft latent transportiert wird, hat jedoch überzeitliche Funktion, da existenzielle Fragen aufgeworfen werden.

Die Ergebnisse können in einer vertiefenden Schreibaufgabe aufgegriffen werden. Hierbei kann das **Arbeitsblatt 11**, S. 46f., hilfreich sein, da nochmals grundsätzliche Informationen zu der Art der Aufgabenstellung vermittelt werden.

■ *Erörtern Sie, ob bzw. inwiefern der Roman „Tannöd" von Andrea Maria Schenkel Funktionen des Kriminal- und/oder Gesellschaftsromans übernimmt. Belegen Sie Ihre Ergebnisse mithilfe geeigneter Textstellen bzw. Textverweise.*

Vertiefend oder **alternativ** können die nachfolgenden kreativen Arbeitsaufträge eingesetzt werden:

■ *Andrea Maria Schenkel äußerte sich im Stern-Interview vom August 2007 auf die Frage nach dem fehlenden Kommissar folgendermaßen: „Ein Lektor, der mir das ‚Tannöd'-Manuskript zurückschickte, gab mir damals den Rat, dass zu einem richtigen Krimi ein Detektiv oder Kommissar gehört. Aber mit diesen klassischen Detektivromanen kann ich nichts anfangen, die sind mir zu absehbar, die inte-ressieren mich auch als Leserin nicht."*
Führen Sie die Ausführungen Schenkels weiter, indem Sie auf die Möglichkeiten ihrer eigenwilligen literarischen Form hinweisen und diese verteidigen.

■ *Der Roman entlässt den Leser mit vielen Fragen. Formulieren Sie diese Fragen und entwerfen Sie passend zum Anfang ein „Nachwort" des Romans aus Sicht des fiktiven Kommissars und schließen Sie den Text damit ab.*

Die Aussage des Kommissars in „Tannöd" (Folie)

„Mein Dorf war zum ‚Morddorf' geworden und die Tat ließ mir keine Ruhe mehr. Mit gemischten Gefühlen bin ich in das Dorf gefahren. Die, die ich dort traf, wollten mir von dem Verbrechen erzählen."

Aus: A. M. Schenkel: Tannöd, S. 5

Die Chronologie der Ereignisse in „Tannöd" (Grundfolie)

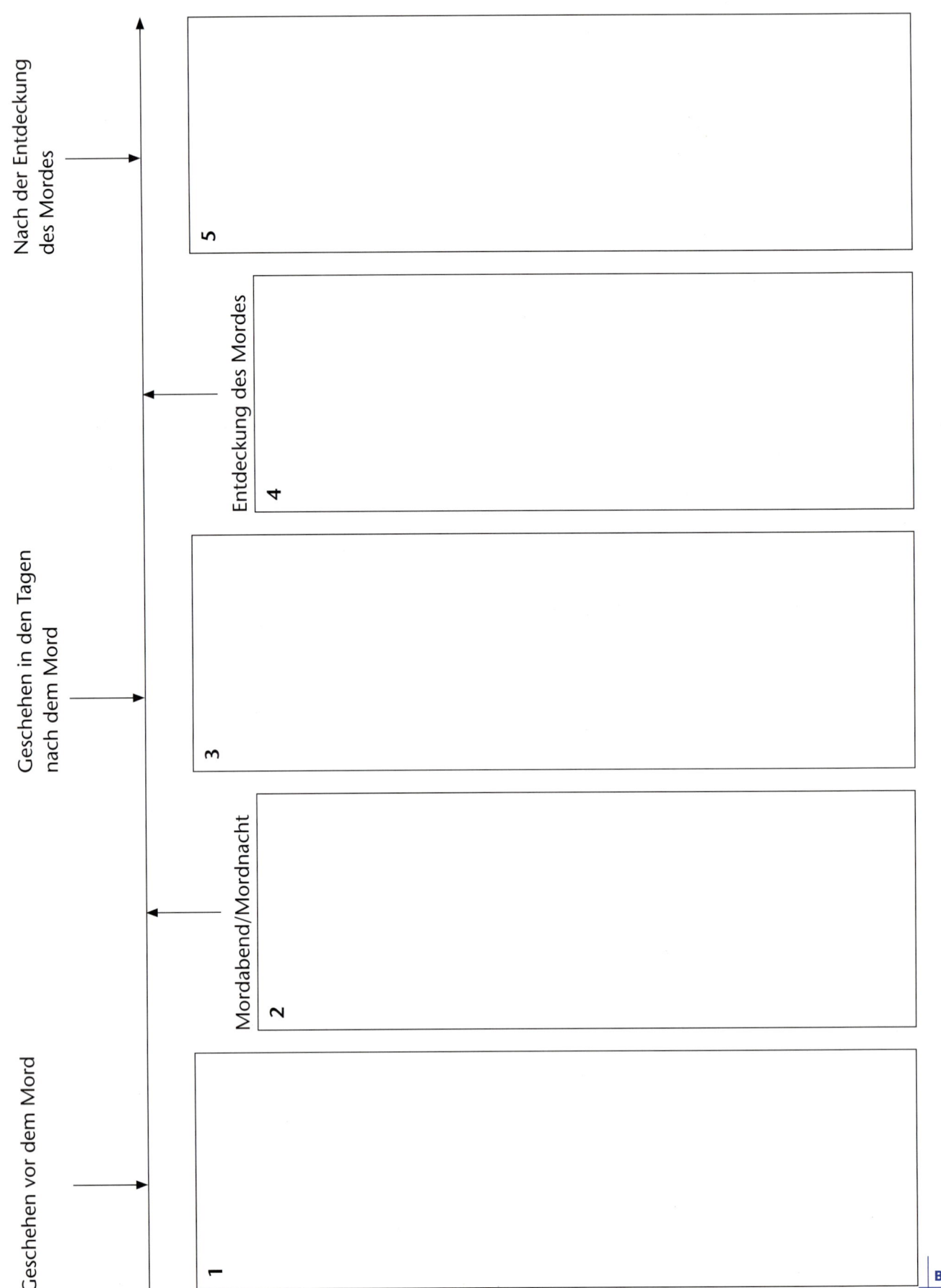

Geschehen vor dem Mord

Geschehen in den Tagen nach dem Mord

Nach der Entdeckung des Mordes

Entdeckung des Mordes

Mordabend/Mordnacht

1

2

3

4

5

Die Chronologie der Ereignisse in „Tannöd"

1. *Lesen Sie die angegebenen Textstellen des Ihnen zugeteilten Abschnittes erneut. Notieren Sie sich wichtige Hinweise, die Aufschluss über das Geschehene geben.*

2. *Tragen Sie Ihre Ergebnisse in der Gruppe zusammen und wählen Sie die wichtigsten Fakten aus. Übertragen Sie diese auf Ihren Folienschnipsel. Arbeiten Sie mit Textbelegen.*

3. *Präsentieren Sie anschließend Ihre Ergebnisse.*

Gruppe 1:
Geschehen vor dem Mord: S. 26 – 34, 52 ff., 69 – 74, 88 f., 153 – 158

Gruppe 2:
Mordabend/Mordnacht: S. 16 – 19, 35 – 39, 79 – 84, 159 – 163

Gruppe 3:
Geschehen in den Tagen nach dem Mord: S. 9 f., 12 f., 43 ff., 46 ff., 52 – 60, 41 f., 49 ff., 61 ff., 106 ff., 164 ff.

Gruppe 4:
Entdeckung des Mordes: S. 90 – 93, 94 – 99, 100 – 104

Gruppe 5:
Nach der Entdeckung des Mordes: S. 15, 64 ff., 114 – 118, 135 f., 140 ff., 143 – 152

Die Mordkommission ermittelt den Ablauf der Ereignisse

 GRUPPE 1: **Geschehen vor dem Mord:** S. 26–34, 69–74, 88 f., 153–158

Stellen Sie sich vor, Sie sind Mitglied der Mordkommission und für einen Teilabschnitt der Rekonstruktion des Geschehens verantwortlich.

a) *Befragen Sie den Text nochmals auf zweckdienliche Hinweise, die Aufschluss über das Geschehen geben.*
b) *Erstellen Sie für die nächste Gruppenbesprechung der Mordkommission einen detaillierten Ablaufplan. Sichern Sie Ihre wichtigsten Ergebnisse auf Plakat, damit Sie eine Visualisierungshilfe für Ihre Kolleginnen und Kollegen haben.*

 GRUPPE 2: **Mordabend/Mordnacht:** S. 16–19, 35–39, 79–84, 159–16

Stellen Sie sich vor, Sie sind Mitglied der Mordkommission und für einen Teilabschnitt der Rekonstruktion des Geschehens verantwortlich.

a) *Befragen Sie den Text nochmals auf zweckdienliche Hinweise, die Aufschluss über das Geschehen geben.*
b) *Erstellen Sie für die nächste Gruppenbesprechung der Mordkommission einen detaillierten Ablaufplan. Sichern Sie Ihre wichtigsten Ergebnisse auf Plakat, damit Sie eine Visualisierungshilfe für Ihre Kolleginnen und Kollegen haben.*

 GRUPPE 3: **Geschehen in den Tagen nach dem Mord:** S. 9 f., 12 ff., 43 ff., 46 ff., 52–60, 24 f., 41 f., 49 ff., 61 ff., 106 ff., 164 ff.

2Stellen Sie sich vor, Sie sind Mitglied der Mordkommission und für einen Teilabschnitt der Rekonstruktion des Geschehens verantwortlich.

a) *Befragen Sie den Text nochmals auf zweckdienliche Hinweise, die Aufschluss über das Geschehen geben.*
b) *Erstellen Sie für die nächste Gruppenbesprechung der Mordkommission einen detaillierten Ablaufplan. Sichern Sie Ihre wichtigsten Ergebnisse auf Plakat, damit Sie eine Visualisierungshilfe für Ihre Kolleginnen und Kollegen haben.*

 GRUPPE 4: **Entdeckung des Mordes:** S. 67–69, 70–73, 74–76, 80–83

Stellen Sie sich vor, Sie sind Mitglied der Mordkommission und für einen Teilabschnitt der Rekonstruktion des Geschehens verantwortlich.

a) *Befragen Sie den Text nochmals auf zweckdienliche Hinweise, die Aufschluss über das Geschehen geben.*
b) *Erstellen Sie für die nächste Gruppenbesprechung der Mordkommission einen detaillierten Ablaufplan. Sichern Sie Ihre wichtigsten Ergebnisse auf Plakat, damit Sie eine Visualisierungshilfe für Ihre Kolleginnen und Kollegen haben.*

 GRUPPE 5: **Nach der Entdeckung des Mordes:** S. 13, 48 f., 84–87, 99, 103 f., 105–111

Stellen Sie sich vor, Sie sind Mitglied der Mordkommission und für einen Teilabschnitt der Rekonstruktion des Geschehens verantwortlich.

a) *Befragen Sie den Text nochmals auf zweckdienliche Hinweise, die Aufschluss über das Geschehen geben.*
b) *Erstellen Sie für die nächste Gruppenbesprechung der Mordkommission einen detaillierten Ablaufplan. Sichern Sie Ihre wichtigsten Ergebnisse auf Plakat, damit Sie eine Visualisierungshilfe für Ihre Kolleginnen und Kollegen haben.*

Erzählen und Erzähler

■ *Analysieren Sie die Ihnen zugeteilten Textstellen unter besonderer Berücksichtigung der verwendeten Erzählform und des Erzählverhaltens, der Sprache sowie des Satzbaus (Gruppe 1: S. 61–63 [Georg Hauer], Gruppe 2: S. 75–78 [Georg Hauer], Gruppe 3: S. 140–142 [Zeitungsbericht]).*

■ *Überlegen Sie in einem zweiten Schritt, welche Wirkung beim Leser erzeugt wird.*

Ein charakteristisches Merkmal der Gattung Epik ist der Erzähler/die Erzählerin, die nicht notwendigerweise mit dem Autor des Werkes gleichgesetzt werden dürfen. Der Erzähler/die Erzählerin ist die
5 fiktive, im Text erscheinende Figur, die der Autor erfindet, um dem Leser die Geschichte zu präsentieren. Dabei schafft jeder Autor für seinen Erzähler ein bestimmtes Erzählsystem, indem er innerhalb einer Reihe von Erzählkategorien auswählt.

10 **1. Die Erzählform**
Hauptsächlich unterscheidet man zwischen zwei Formen (die Du-Form kommt fast nie vor):
● Er/Sie-Form: Der Erzähler tritt als Person fast ganz in den Hintergrund, man erfährt fast nichts
15 über seinen Charakter und sein Leben. Er fungiert nur als Vermittler der Geschichte und erscheint hauptsächlich in der Form von Kommentaren zum Erzählten im Text.
● Ich-Form: Der Erzähler macht sich selbst zum
20 Gegenstand des Erzählens und wird für den Leser als Person greifbar. Hierfür gibt es zwei Möglichkeiten: a) erlebendes Ich (ist selbst in die Geschichte verstrickt), b) erzählendes Ich (erzählt als Außenstehender).

25 **2. Das Erzählverhalten**
● Auktorial: Der Erzähler ist allwissend. Er greift kommentierend und wertend in das Geschehen ein. Er kann vorausdeuten und zurückschauen.
● Personal: Das Geschehen wird aus der Perspek-
30 tive einer oder mehrerer der am Geschehen

beteiligten Person(en) wiedergegeben. Der Erzähler vermittelt dem Leser nur das, was diese Person/diese Personen erlebt/erleben. Dadurch wird der Eindruck der Unmittelbarkeit geweckt. Besondere Darstellungsformen des personalen 35 Erzählverhaltens sind:
a) die erlebte Rede: Hier wird der Gedankengang, die Empfindungen einer Figur in der Er/Sie-Form wiedergegeben. Die Wiedergabe steht in der 3. Pers. Ind. (meist Präteritum): 40 *Hatte er wirklich an alles gedacht?*
b) der innere Monolog: Gedanken und Empfindungen werden in der Ich-Form wiedergegeben.
c) der „stream of consciousness" (engl. Bewusst- 45 seinsstrom): Hierbei handelt es sich um eine Erweiterung des inneren Monologs. Ganz ungefiltert werden Gedankenfetzen und Empfindungen assoziativ aneinandergereiht. Die Syntax wird aufgelöst. 50
● Neutral: Sachlichkeit und Objektivität sind die Kennzeichen dieses Erzählverhaltens. Es wird weder kommentiert noch bewertet.

3. Die Sichtweise
Der Erzähler berichtet aus der Außensicht oder 55 der Innensicht. Bei der Innensicht blickt er in die Figuren hinein. Er kennt die Gedanken und ihre Gefühle. Die uneingeschränkte Innensicht für alle auftretenden Figuren steht nur dem Er/Sie-Erzähler zur Verfügung. 60

Die Autorin Andrea Maria Schenkel über die Konzeption ihres Romans

■ Arbeiten Sie die Intention der Autorin Andrea Maria Schenkel in Bezug auf die Gestaltung des Romans „Tannöd" heraus.

Andrea Maria Schenkel

In „Tannöd" lassen Sie Protagonisten und Neben-figuren in interviewähnlichen Sequenzen selbst zu Wort kommen. Was war für Sie der besondere Reiz an dieser Erzählform?

5 Die unterschiedlichen Perspektiven machen die Ge-schichte lebendiger, bringen sie näher an die Realität. Es macht Spaß, sich beim Schreiben in die unter-schiedlichen Personen und Charaktere hineinzuden-ken, diese zum Leben zu erwecken!

10 Ihr Kriminalstück bezieht sich auf einen authen-tischen Fall aus den 20er-Jahren. Wie viel an dem Buch ist authentisch, wie viel Fiktion?
Der Fall, das Grundgerüst, ist authentisch, alles an-dere Fiktion und Imagination.

15 Ihr Krimi orientiert sich ganz offensichtlich nicht an den aktuellen Trends der „Branche". Sie finden einen ganz eigenen Ton, setzen auf ein ungewöhn-liches Setting. Verfolgen Sie, was andere Kriminal-autoren so produzieren?

20 Ich habe das Buch so geschrieben, wie ich selbst als Leser es gerne lesen möchte. Ich denke, ein Buch

kann nur dann gut werden, wenn der Leser merkt, dass der Autor es mit seinem Herzen geschrieben hat, das Buch authentisch und ehrlich ist. Es ist wie mit allen Dingen im Leben: Man muss es gerne machen, 25 nur dann gelingt es.

Sie haben es mit Ihrem Debüt „Tannöd" auf alle Bestsellerlisten geschafft. Wie kam diese Lawine ins Rollen und wie wichtig war dafür die Präsen-tation des Titels in Elke Heidenreichs Sendung 30 „LESEN!"?
Das Buch kam ja bereits im Februar 2006 heraus und war eigentlich für ein Debüt auch im letzten Jahr sehr erfolgreich. Es war bereits seit seinem Erscheinen auf der „KrimiWelt-Bestenliste" auf den ersten Plätzen. 35 Mit der Sendung „Lesen!" von Elke Heidenreich und dem Deutschen Krimipreis 2007 wurde es einem noch größeren Publikum bekannt – und so auch bei vielen „Nichtkrimilesern" ein Erfolg, wie mir diese immer wieder auf Lesungen sagen. [...] 40

Auszug aus einem Interview mit Andrea Maria Schenkel. Die Fragen stellte Henrik Flor, „Literaturtest", www.weltbild.de.

Die Erzeugung von Spannung in „Tannöd"

■ *Neben den unterschiedlichen Perspektiven werden der Spaß beim Lesen und die Spannung innerhalb des Romans noch durch weitere Möglichkeiten ausgeschöpft. Arbeiten Sie die Mittel der Spannungssteigerung auf den Seiten 64 bis 66 heraus. Orientieren Sie sich an den in der Tabelle aufgeführten Leitfragen.*

a) Was weiß der Leser bis zu diesem Zeitpunkt über den Mord?	
b) Welche Informationen werden erneut aufgegriffen? Welche Informationen sind neu?	
c) Wie werden die Inhalte vermittelt (Erzählform, Perspektive, Sprache)?	
d) Welche Funktion hat der letzte Satz im Kontext des Romans („Dort haben sie sie ja auch alle gefunden", S. 66)?	

Die Erzeugung von Spannung in „Tannöd" (Lösung)

■ *Neben den unterschiedlichen Perspektiven werden der Spaß beim Lesen und die Spannung innerhalb des Romans noch durch weitere Möglichkeiten ausgeschöpft. Arbeiten Sie die Mittel der Spannungssteigerung auf den Seiten 64 bis 66 heraus. Orientieren Sie sich an den in der Tabelle aufgeführten Leitfragen.*

a) Was weiß der Leser bis zu diesem Zeitpunkt über den Mord?	• Ein Kommissar ermittelt in einem „Morddorf" (S. 5). • Jemand erledigt akribisch seine Arbeit auf einem Hof (S. 9 ff., 41 f.). Der Unbekannte versucht, die Leichen zu verscharren (S. 50). Er vergisst sein Messer (S. 61). • Marianne war am Samstag nicht in der Schule (S. 15, 44). Andeutung des Lehrers (S. 44 f.). • Mariannes Erlebnisse am Abend werden erzählt. Sie betritt den Stadel (S. 19). • Marie, die neue Magd, kommt bei den Danners an. Sie steht in ihrem Zimmer und wird dort erschlagen (S. 39). • Dem Postboten und dem Monteur erscheint der Hof der Danners verlassen (Hund winselt, Vieh brüllt). Die Danners scheinen seltsame Leute zu sein (S. 46, 52 ff.).
b) Welche Informationen werden erneut aufgegriffen? Welche Informationen sind neu?	• Der Monteur, der nach der erledigten Arbeit an Dagmar vorbeiradelt, wird genannt (S. 64). • Die Verlassenheit des Hofes wird erneut thematisiert (Hund winselt, Vieh brüllt) (S. 65). • Seit Samstag wurde niemand gesehen (Sonntag war niemand in der Kirche.) (S. 65 f.). • Hansl Hauer kommt aufgeregt zum Hof der Sterzers und ruft nach Hilfe. Bei den Danners sei etwas passiert (S. 64). • Fund der Leichen („alle") auf dem Dannerhof wird angedeutet (S. 66).
c) Wie werden die Inhalte vermittelt (Erzählform, Perspektive, Sprache)?	• Erzählform: Ich-Form • Perspektive: personal, auktorial (durch Andeutungen) • Sprache: Bericht, gesprochene Sprache (erinnert den Leser an die Zeugenvernehmung/den Verhörmodus); das Gespräch zwischen Danner und Hauer in der wörtliche Rede wird besonders bei dem wichtigsten Detail verwendet („Sterzer, du sollst mit rüber zum Tannöder auf den Hof", S. 65)
d) Welche Funktion hat der letzte Satz im Kontext des Romans („Dort haben sie sie ja auch alle gefunden", S. 66)?	• Vorausdeutung: Hier wird der Fund der Leichen erwähnt, der später (S. 90–104) erzählend vermittelt wird.

Wesentliche Merkmale des Kriminal- und Gesellschaftsromans

Kriminalroman

Innerhalb des Kriminalromans können zwei Stränge unterschieden werden: der Detektivroman und der Thriller. Der Detektivroman bzw. die Detektiverzählung stellen die Bemühungen des Detektivs in den
5 Mittelpunkt. Die Handlung besteht aus Untersuchungen und Verhören, d. h. aus der Analyse des bereits Geschehenen. Ziel ist es, den Vorgang zu rekonstruieren. Beim Thriller steht vielmehr die actiongeladene Verfolgungsjagd eines bereits be-
10 kannten Verbrechers im Zentrum.
Im weiteren Verlauf soll der Fokus auf dem Detektivroman liegen. Dessen Handlung konstituiert sich aus den folgenden inhaltlichen Elementen: 1. das rätselhafte Verbrechen; 2. die Fahndung, die Rekonstruk-
15 tion, die Klärung der Motive für die Tat; 3. die Lösung des Falls und die Überführung des Täters.
Spannung wird besonders durch verschiedene Deutungsmöglichkeiten von Indizien und Aussagen erreicht. Darüber hinaus können gezielt falsche Fähr-
20 ten gelegt und falsche Schlussfolgerungen gezogen

werden. Die Figuren des Romans teilen sich im Grunde genommen in zwei Gruppen auf: den Kreis der Nicht-Ermittelnden und die Gruppe der Ermittler. Bei der ersten Gruppe handelt es sich um einen geschlossenen Personenkreis, dessen Figuren stark typisiert 25 sind. Daraus ergibt sich eine Vielzahl an Möglichkeiten, wer als Verdächtiger bzw. Täter gilt. Die Gruppe der Ermittelnden besteht aus einem Detektiv und seinen Mitarbeitern, die entweder in einem besonderen Vertrauensverhältnis oder aber in Distanz oder 30 Konkurrenz zu ihm stehen. Gerade die Darstellung der Räume – meist isolierte Räume (z. B. Landhaus, Insel etc.) – trägt dazu bei, den Mordfall zu verrätseln. Sie stellen den Detektiv und den Leser vor das Problem, den Mörder unter den anwesenden Figuren zu 35 suchen.

Nach: Peter Nusser: Der Kriminalroman. Reihe: Sammlung Metzler, Band 191. 3., aktualisierte und erweiterte Auflage, S. 2f. © 2003 J. B. Metzlersche Verlagsbuchhandlung und Carl Ernst Poeschel Verlag GmbH in Stuttgart

■ *Benennen Sie mithilfe des Sekundärtextes wesentliche Merkmale des Kriminalromans. Orientieren Sie sich an den Kriterien: Handlung, Spannung/Spannungserzeugung, Figuren, Ort.*

Gesellschaftsroman

Es handelt sich um einen Romantypus, der weniger in ereignisreichem Handlungsablauf mit zeitlichem Nacheinander als in breiter Zustandsschilderung bei zeitlichem Nebeneinander vieler Handlungsstränge
5 das ganze Gesellschaftsleben einer Zeit und die daraus entstehenden Konflikte zeichnet. Er ist meist weltgläubig und teils selbst Verkörperung des Gesellschaftsgeistes, teils gesellschaftskritisch oder regt durch sachliche Darstellung zur kritischen Analyse
10 einer Gesellschaft an. Obwohl eine epische Form der sozialen Dichtung (= unscharfe Sammelbezeichnung für einen Teilbereich der politischen Dichtung), ist

der Gesellschaftsroman nicht identisch mit dem Sozialroman oder dem sozialen Roman, da er sich wesentlich auf die tragenden oder führenden Schichten 15 der Gesellschaft konzentriert, ihre Situation und ihre Probleme in breiten, objektiven Milieuschilderungen mit psychologischer Differenzierung der Figuren und Darlegung der wirkenden sozialen Kräfte, doch ohne Tendenz oder soziale Anklage vorführt, die Unter- 20 schichten dagegen eher als soziale Folie benutzt.

Aus: Gero von Wilpert: Sachwörterbuch der Literatur. 8., verbesserte und erweiterte Auflage, Alfred Kröner Verlag, Stuttgart 2001

■ *Benennen Sie mithilfe des Sekundärtextes wesentliche Merkmale des Gesellschaftsromans. Orientieren Sie sich an den Kriterien: Handlung, Spannung/Spannungserzeugung, Figuren, Ort.*

Argumentieren: Eine Erörterung verfassen

■ *Erörtern Sie, ob bzw. inwiefern der Roman „Tannöd" von Andrea Maria Schenkel Funktionen des Kriminal- und/oder Gesellschaftsromans übernimmt. Belegen Sie Ihre Ergebnisse mithilfe geeigneter Textstellen bzw. Textverweise.*

Grundsätzlich unterscheidet man drei Typen von Erörterungen:

a) die freie Erörterung (vorgegebene oder selbst entwickelte These, zu der man Stellung bezieht),

b) die textgebundene Erörterung (Rede, Zeitungsartikel, Essay etc.; Aussagen werden kurz zusammen-gefasst und Meinungen/Argumente innerhalb des Textes bewertet),

c) die literarische Erörterung (bezieht sich auf ein literarisches Werk).

→ Die verschiedenen Formen der Erörterung können selbstverständlich auch miteinander kombiniert werden.

Wie baue ich meine Argumentation auf?

Am Anfang steht eine **Behauptung (= These)**. Diese Behauptung wird durch **Argumente** begründet oder widerlegt, die für möglichst viele Leute überzeugend sein sollen. Das jeweilige Argument wird dann durch ein **Beispiel** veranschaulicht.

These (= Behauptung, Urteil, Empfehlung, Bewertung)

... wird begründet durch ein

Argument (= Begründung, z.B.: Fakten, Grundsätze, Expertenmeinungen)

... wird belegt durch ein

Beispiel/Zitat

BEISPIEL:

These: Der Zuschauer kann sich durch das Fernsehen sehr gut informieren.

Argument: Nachrichtensendungen, Magazine, Reportagen und Dokumentationen liefern eine Fülle von Wissenswertem zu jeder Zeit und für jedes Alter.

Beispiel/Zitat: Am Nachmittag kann man z.B. einen Dokumentarfilm über Zugvögel sehen und am Abend lässt man sich darüber informieren, wie die Sprache der Bienen funktioniert usw. (Bezug zum aktuellen Programm!).

✓ Eine Argumentation besteht immer aus **vielen Argumenten**. Das stärkste und überzeugendste Argument sollte immer am **Schluss** genannt und hervorgehoben werden.

✓ Prüfen Sie Ihre Argumente und Beispiele, ob sie **stichhaltig und überzeugend** sind!

✓ Achten Sie darauf, dass Sie These und Argument sowie Ihre Argumentationsketten durch passende, **abwechslungsreiche Konjunktionen und Adverbien** miteinander verknüpfen.

✓ Bei einer abwägenden Erörterung (PRO/KONTRA) haben Sie die Möglichkeit, entweder in Blöcken zu arbeiten (Pro-Block mit entsprechenden Beispielen und dann Kontra-Block mit entsprechenden Bei-spielen) oder die Argumente im Wechsel anzuführen (PRO – KONTRA – PRO – KONTRA usw.).

VORGEHENSWEISE

1. Entwickeln Sie (falls notwendig) zuerst eine These (= Behauptung).

2. Sammeln Sie Argumente, die Ihre These stützen und begründen. Verbinden Sie Argumente direkt mit Beispielen/Textbelegen, um sie glaubhafter zu machen (Hilfe: Befragen Sie das Thema mithilfe von W-Fragen: Warum?, Wer?, Wo?, Wann?, Wie?, In welcher Hinsicht? usw. Dabei kommen Ihnen ganz sicher Ideen!).

3. Ordnen Sie Ihre Argumente, sodass Sie mit dem schwächsten beginnen und mit dem stärksten enden.

4. Formulieren Sie auf dieser Basis Ihren Text. Achten Sie auf folgende Gliederungsaspekte:
   a) Einleitung: Hier sollten Sie zum Thema hinführen (z. B. aktuelle Problematik, Zitat etc.) und die These nennen, um die es in Ihrem Hauptteil geht.
   b) Hauptteil: Hier führen Sie in einem zusammenhängenden Text Ihre Argumente mit den entsprechenden Beispielen an.
   c) Schluss: Hier geben Sie eine kurze Zusammenfassung Ihrer Ergebnisse und ziehen ein Fazit. Manchmal kann man auch eine Empfehlung geben oder eine Folgerung aus dem ziehen, was man oben gesagt hat.

Die Figuren des Romans

3.1 Opfer und Täter

Vorbereitend sollen die Schülerinnen und Schüler sich mit der Familie Danner (Hermann und Theresia Danner, Barbara Spangler) auseinandersetzen. Zur Arbeitserleichterung soll ihnen dabei das **Arbeitsblatt 12**, S. 57 **(Lösung**, S. 58) dienen. Um die Figuren sollen die Schülerinnen und Schüler im Rückgriff auf den Text Kernaussagen anordnen.

■ *Arbeiten Sie auf der Basis der angegebenen Textstellen charakteristische Aussagen über die erwachsenen Mitglieder der Familie Danner heraus. Ordnen Sie diese in Stichpunkten mit Seitenzahlen den entsprechenden Figuren zu.*
– Herman Danner (S. 18, 38, 46 ff., 57, 72 ff., 82, 85 ff., 111 f., 120 f., 125, 129, 138, 148 f.)
– Theresia Danner (S. 16 f., 31 f., 38, 47, 79–83, 124 ff.)
– Barbara Spangler (S. 38, 47 f., 75, 82, 128 f., 137 ff., 149 ff., 154 ff.)

■ *Beschriften Sie anschließend die Pfeile, um das Verhältnis der Familienmitglieder untereinander zu kennzeichnen.*

Charakteristisch bei dem Beziehungsgefüge ist, dass in der Familie beständige Abhängigkeitsverhältnisse und Demütigungen vorherrschen. Dabei findet gerade eine Umkehrung zwischen Vater-Mutter bzw. Vater-Tochter statt: Während die Mutter nicht in der Lage ist, sich gegen ihren despotischen Mann zu wehren, nutzt die Tochter die Situation nach und nach zu ihren Gunsten und zieht den vermeintlichen „Herrgott" in ihre Abhängigkeit.
Im Kriminalroman wird häufig die Klassifizierung zwischen Opfer und Täter vorgenommen. Auf den ersten Blick erscheint dies auch im Fall des Romans „Tannöd" zutreffend, da Georg Hauer eine ganze Familie samt Magd im Blutrausch mit der Axt erschlägt. Da die Hintergründe und Beweggründe, die zu diesem Verbrechen geführt haben, jedoch auch beleuchtet werden, ist es an dieser Stelle durchaus zulässig, die Frage zu stellen, ob diese traditionelle Trennung von Opfer und Täter hier noch haltbar ist.
Der Einstieg erfolgt über ein Clustering bzw. einen Ideenstern an der Tafel zum Thema „Opfer" (Begriffsklärung).

■ *Was fällt Ihnen zu diesem Begriff ein? Was verbinden Sie mit diesem Begriff?*

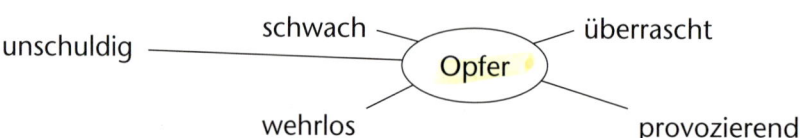

Nach einer Zusammenfassung der Ergebnisse kann die Frage abgeleitet werden, inwiefern es sich bei der Familie Danner um typische Opfer handelt. Nach einer kurzen Sammelphase sollte der Abruf der Vorarbeit (**Arbeitsblatt 12**, S. 57 f.) erfolgen, indem die Ergebnisse der Arbeitsblätter im Unterricht miteinander verglichen werden. Zur besseren Veranschaulichung kann das Gesagte auch auf Folie mitnotiert werden.

■ *Werten Sie Ihre Ergebnisse aus. Was ist charakteristisch für die Strukturen inner-halb der Familie? Wie sind sie in die Dorfgemeinschaft integriert? Wie werden sie von Außenstehenden gesehen?*

Grundsätzlich sollte aufgearbeitet werden, dass die Familienmitglieder durch ihr Verhalten zwar jedes für sich Schuld auf sich geladen haben, dass sie jedoch auch nie in ihr soziales Umfeld integriert waren. Jeder betrachtet sie als Sonderlinge (vgl. S. 32f., 46f., 52, 109). Dies zeigt sich auch in der Lage ihres Hofes. Es handelt sich um ein Gebiet, das sich unmit-telbaren Beobachtungen entzieht.

Die im Unterricht erarbeiteten Ergebnisse sollten in eine vertiefende Schreibaufgabe ein-münden (**Arbeitsblatt 13**, S. 59). Dabei können sich die Schülerinnen und Schüler aussu-chen, ob sie eher den analytischen oder kreativen Weg einschlagen wollen.

■ *Charakterisieren Sie auf der Basis der bisher gewonnenen Ergebnisse ein erwach-senes Familienmitglied der Danners. Alternativ können Sie auch eine Rollenbio-grafie schreiben.*

■ *Erörtern Sie, ob bzw. inwiefern es sich um ein typisches Opfer handelt.*

Mit der Frage der Opfer unmittelbar verknüpft ist die Frage nach dem Täter. Was ist das für ein Mensch, der so eine Tat begeht?

Vorbereitend auf diesen Teilaspekt des Bausteins sollen die Schülerinnen und Schüler sich mit der Figur Georg Hauer identifizieren. Dies kann auf zwei verschiedene Arten gesche-hen.

Eine erste Möglichkeit, die recht zeitintensiv ist, besteht darin, mit **Figurenrequisiten** zu arbeiten. Zu Hause wird eine Requisite ausgewählt, die den Schülern charakteristisch für Georg Hauer zu sein scheint. Diese Requisiten werden zu Beginn der Unterrichtsstunde auf einem zentral angeordneten Platz immer nach demselben Prinzip abgelegt: kurze Vorstel-lung mit Begründung. Dadurch entsteht nach und nach ein Panorama, das es dem Betrach-ter erlaubt, sich ein erstes Bild zu machen. Dieser Eindruck wird schriftlich formuliert.

■ *Formulieren Sie Ihre Eindrücke des Requisitenpanoramas schriftlich. Beginnen Sie Ihre Ausführungen mit „Ich sehe einen Menschen, der …".*

Alternativ bietet es sich an, dass die Schülerinnen und Schüler sich zu zweit einen ersten Eindruck erarbeiten, indem sie ein **biografisches Rolleninterview** erstellen, das sich an den Fragen der Rollenbiografie (**Arbeitsblatt 13**, S. 59) orientiert.

Wahrscheinlich wird in diesem ersten Schritt besonders die Strukturiertheit Hauers (fester Tagesablauf, bäuerliches Leben etc.) der Abhängigkeit von Barbara und dem Wunsch nach einem besseren, freieren Leben gegenübergestellt. Aus diesem Grund schließt sich hier die Frage an, was ihn zum Mörder macht.

■ *Überlegen Sie, warum Georg Hauer zum Mörder wird.*

Nach der Äußerung erster Deutungshypothesen (z. B. Unzufriedenheit, Unverstandenheit, Einsamkeit etc.), die im Unterrichtsgespräch gesammelt werden können, sollen diese durch intensive Textarbeit verifiziert werden.

■ *Arbeiten Sie die nachfolgenden Seiten nochmals durch: S. 61ff., 128ff., 131–134, 156f., 164–170. Suchen Sie nach Antwortmöglichkeiten auf die Frage: Warum wird Georg Hauer zum Mörder?*

49

Hauer steht einerseits mitten im Leben, ihm fehlt aber andererseits der nötige Halt. Der Besitz seines Taschenmessers gibt ihm Sicherheit (vgl. S. 61) und er sehnt sich nach einer zwischenmenschlichen Beziehung, die ihn erfüllt. Diese Befriedigung findet er weder in seinem streng geregelten Alltag als Bauer noch in der arrangierten Ehe mit seiner Frau (vgl. S. 133). Er ist außerstande, sich mit dem Tod auseinanderzusetzen und sich um seine krebskranke Frau, mit der er einen Sohn hat, zu kümmern. Stattdessen sehnt er sich nach deren Tod und nach seiner Freiheit. Diese glaubt er in der Beziehung mit Barbara Spangler zu finden, mit der er hemmungslosen Sex hat, egal, was andere darüber denken (S. 133). Dadurch verändert er sich jedoch. Er „hatte sich in eine nie zuvor gekannte Abhängigkeit begeben, in einen Rausch" (S. 134). Diesem Rausch jagt er nach, obwohl Barbara nach der erkannten Schwangerschaft das Verhältnis abbricht und sich verleugnen lässt. Es lässt ihn nicht mehr los. Dadurch entsteht eine Spirale der Demütigungen, die wahrscheinlich zu der Bluttat führt.

In der Mordnacht eskaliert die Situation schließlich: Hauer hat sich Mut angetrunken, um noch einmal mit Barbara zu reden. Diese verhöhnt und demütigt ihn: „Ihr Vater sei ihr tausendmal lieber gewesen als er, dieser nach Alkohol stinkende Waschlappen" (S. 166). Auf einen Versuch der Umarmung reagiert Barbara mit der Verteidigungshaltung. Sie schlägt nach ihm. Daraufhin bricht es aus ihm heraus.

Die Ergebnisse der Schülerinnen und Schüler können in einem Tafelbild festgehalten werden. Bei der gemeinsamen Erarbeitung des Tafelbildes sollen nachfolgende Leitfragen helfen:

■ *Was führt zu dem Verhältnis mit Barbara? Wodurch steigert sich der Druck auf Georg Hauer? Wie ist der Tötungsrausch zu erklären? Inwieweit kann man von der Spirale der Demütigungen sprechen?*

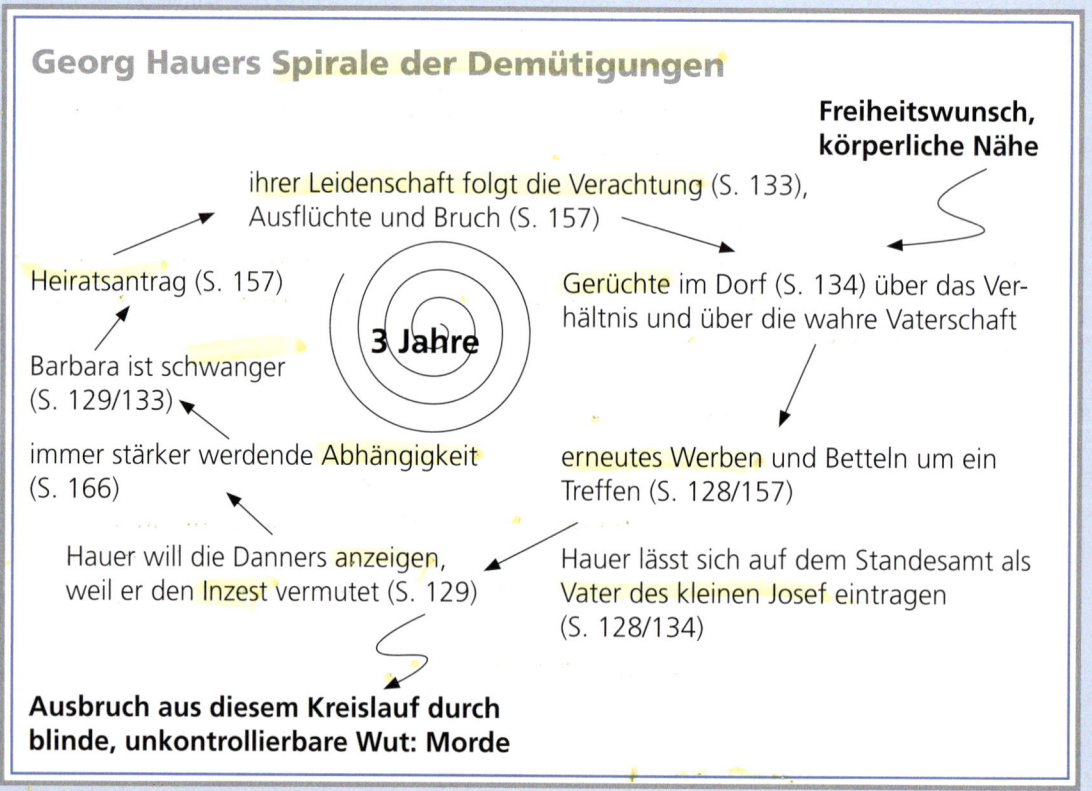

Georg Hauers Spirale der Demütigungen

Freiheitswunsch, körperliche Nähe

ihrer Leidenschaft folgt die Verachtung (S. 133), Ausflüchte und Bruch (S. 157)

Heiratsantrag (S. 157)

3 Jahre

Barbara ist schwanger (S. 129/133)

immer stärker werdende Abhängigkeit (S. 166)

Gerüchte im Dorf (S. 134) über das Verhältnis und über die wahre Vaterschaft

erneutes Werben und Betteln um ein Treffen (S. 128/157)

Hauer will die Danners anzeigen, weil er den Inzest vermutet (S. 129)

Hauer lässt sich auf dem Standesamt als Vater des kleinen Josef eintragen (S. 128/134)

Ausbruch aus diesem Kreislauf durch blinde, unkontrollierbare Wut: Morde

Alternativ können die Schülerinnen und Schüler als Profiler tätig werden. Ihre Aufgabe besteht darin, ausgehend von dem Romantext ein fiktives Gespräch zwischen einem Profiler und Georg Hauer zu entwickeln. Dadurch versetzen sie sich intensiv in die Lage Georg Hauers. Zur Arbeitsanregung dient das **Arbeitsblatt 14, S. 60.**

Vertiefend kann zur Sicherung des bisher Erarbeiteten eine Schreibaufgabe stehen, in der die Schülerinnen und Schüler ein Gespräch zwischen Hauer und seiner Schwägerin konzipieren. Sie müssen dadurch die im Roman vorhandene Leerstelle füllen und den Teufelskreis, in dem sich Hauer befindet, ausformulieren. Alternativ kann diese Aufgabe in Einzel- oder Partnerarbeit umgesetzt werden.

> ■ *Hauer erzählt Anna, seiner Schwägerin, schließlich „die ganze Geschichte. Beichten muss er. Nicht nur die Mordnacht, nein, alles muss er loswerden. Wie ein reißender Strom bricht es aus ihm heraus" (S. 167).*
> *Verfassen Sie das Gespräch zwischen Hauer und Anna. Berücksichtigen Sie hierbei auch, wie Hauer in „Tannöd" direkt und indirekt charakterisiert wird.*

In einem weiteren Erarbeitungsschritt sollen sich die Schülerinnen und Schüler mit der sprachlichen Umsetzung der gegenüberliegenden Pole (Anfangs- und Endpunkt der Spirale) auseinandersetzen. Dabei sollte ein arbeitsteiliges Verfahren angestrebt werden (Klasse/Kurs in zwei Hälften teilen). Während dieser Phase kann man zwei ausgewählten Schülern bereits je eine Folie geben, auf denen diese ihre Ergebnisse sichern. Später können diese ihre Antworten vorstellen und das Plenum kann ergänzend oder korrigierend wirken.

> ■ *Hälfte 1: Analysieren Sie die sprachliche Umsetzung des Anfangs der Spirale auf Seite 132. Arbeiten Sie mit Stichpunkten.*
>
> ■ *Hälfte 2: Analysieren Sie die sprachliche Umsetzung des Endes der Spirale auf Seite 166 Mitte bis 167 oben („An dem Abend ..." bis „... die sie ihr ganzes Leben lang verrichtet haben.") und Seite 167 unten bis 168 unten („Die Barbara, die war ..." bis „Er wollte keinen zurücklassen, keinen."). Arbeiten Sie mit Stichpunkten.*

Schenkel arbeitet bewusst mit einer bildhaften Sprache („ein Stein, der auf seiner Brust lag", S. 132) und Vergleichen („frei wie ein Vogel", S. 132). Die Freiheit, die Hauer nach dem Tod seiner Frau fühlt, wird nicht nur besonders betont, sondern sein neues Lebensgefühl wird auch dem alten mithilfe von Aufzählungen und parallelen Konstruktionen gegenübergestellt („Ein Körper, frei vom Odem des Todes, des Siechens. Ein Körper, eingehüllt noch in den Geruch des Lebens, ein Körper voll Gier nach Leben", S. 133). Die Gier nach Leben und der körperlichen Nähe zu dieser Frau gewinnen durch die kurzen Beschreibungen an Dringlichkeit.

Im Gegensatz zu der Intensität der Gefühle am Beginn der Beziehung steht am Ende sprachlich die Schilderung des äußeren Geschehens im Mittelpunkt („Als er versuchte, sie an sich zu ziehen, hat sie sogar nach ihm geschlagen", S. 166f.). Erst als der Tötungsvorgang als solcher thematisiert wird, wird der Tötungsrausch mittels einer dicht gedrängten Sprache (Wortwiederholungen, verkürzte Sätze, Vergleiche, Metaphern) vermittelt („Wie im Rausch. In einem Rausch aus Blut, die Sinne vernebelt, nicht mehr Herr seiner Selbst. (...) Der Dämon, der Verderber, er hat sie erschlagen, alle. Zugesehen hat er sich selbst, zugesehen, wie er sie alle erschlagen hat", S. 168). Die Maßlosigkeit und Gier, die zuvor im Kontext des Lebens geschildert wird, wird nun in den des Todes gerückt und damit umgekehrt („Ja, die gleiche Gier hatte er empfunden, die gleiche Befriedigung gefunden", S. 168). Dadurch wird nicht nur inhaltlich das, was anfangs positiv für die Lebensbejahung stand, ins Negative gerückt, auch sprachlich findet diese Umkehrung statt.

Die Frage nach den Handlungsalternativen stellt einen wichtigen Schritt in der Auseinandersetzung mit der Figur Hauers dar und sollte am Ende des Teilbausteins aufgegriffen werden.

■ *Welche Handlungsalternativen hätte er in der Mordnacht gehabt? Wie hätte das Gespräch zwischen Barbara und ihm noch verlaufen können?*

Es ist denkbar, dass folgende Aspekte berücksichtigt werden:
- Hauer bricht nun endgültig mit den Danners und zeigt die Familie bei der Polizei an.
- Hauer bricht in Tränen aus und muss in die Psychiatrie gebracht werden.
- Das Gespräch wird gestört, weil ein Familienmitglied früher in den Stadl kommt.
- Barbara lässt sich tatsächlich auf ein Gespräch ein.

Die bisherigen Ergebnisse werden gebündelt und können in einen kreativen Schreibauftrag einmünden, indem die Schülerinnen und Schüler den Romantext umschreiben. Sie haben an dieser Stelle der Unterrichtsreihe genügend Wissen erlangt, um auch im Schreibduktus Schenkels bleiben zu können.

■ *Gestalten Sie das Geschehen der Mordnacht entsprechend so um, dass die im Unterrichtsgespräch angedachten Handlungsalternativen berücksichtigt werden. Beginnen können Sie auf Seite 166 f.: „Als er versuchte, sie an sich zu ziehen, hat sie sogar nach ihm geschlagen." …*

3.2 Die Dorfbewohner

Vorbereitend auf diesen Teilaspekt sollen die Schülerinnen und Schüler eine Konstellationsskizze der Dorfgemeinschaft erstellen und exemplarische Reaktionen der Dorfbewohner auf die Danners und Georg Hauer aus dem Romantext herausarbeiten. Dadurch machen sie sich das Beziehungsgeflecht und auch die Einbindung der Opfer bzw. des Täters in die Gemeinschaft bewusst.

■ *Erstellen Sie eine Personenkonstellation, anhand derer sich die Verhältnisse der einzelnen Menschen im Dorf ablesen lassen.*

■ *Arbeiten Sie aus dem Romantext exemplarische Reaktionen der Dorfbewohner auf die Familie Danner und Georg Hauer heraus (S. 31 f., 46 f., 52 f., 109 f., 128 f., 132 f.).*

Die Schülerarbeit auf S. 53 zeigt das Beziehungsgeflecht innerhalb des Dorfes. Letztlich deutet sich eine Art Spinnennetz an: Jeder kennt hier jeden und weiß um die Probleme des anderen.

Folgende Aspekte könnten sich die Schülerinnen und Schüler im Hinblick auf die Reaktionen der Dorfbewohner notieren:

Im Grunde genommen haben alle dem Treiben der Danners zugesehen. Jeder weiß von den bizarren Familienverhältnissen, niemand ist gerne zu der Familie gegangen. Statt Georg Hauer zur Seite zu stehen, als dieser Witwer wird, hat man sich lieber das Maul zerrissen (vgl. S. 133), als er das Verhältnis mit Barbara Spangler anfing. Man sieht ihn sogar als Mann, der offenbar kein „Kostverächter" (S. 128) ist. Jeder spielt in dieser abgeschiedenen Gemeinschaft seine brave Rolle. Man kennt sich nur oberflächlich und stellt lieber Mutmaßungen an, statt jemandem wirklich zu helfen. Das würde nämlich bedeuten, dass man sich in die Angelegenheiten des Nachbarn einmischt.

Im Grunde genommen ist die Tat für die Dorfbewohner nicht vorhersehbar gewesen, da niemand Hauers Sehnsüchte wirklich kannte. Von seinen Sorgen hat er bei zu viel Bier erzählt, was zur Folge hatte, dass man ihn nicht ernst genommen hat (vgl. S. 129).

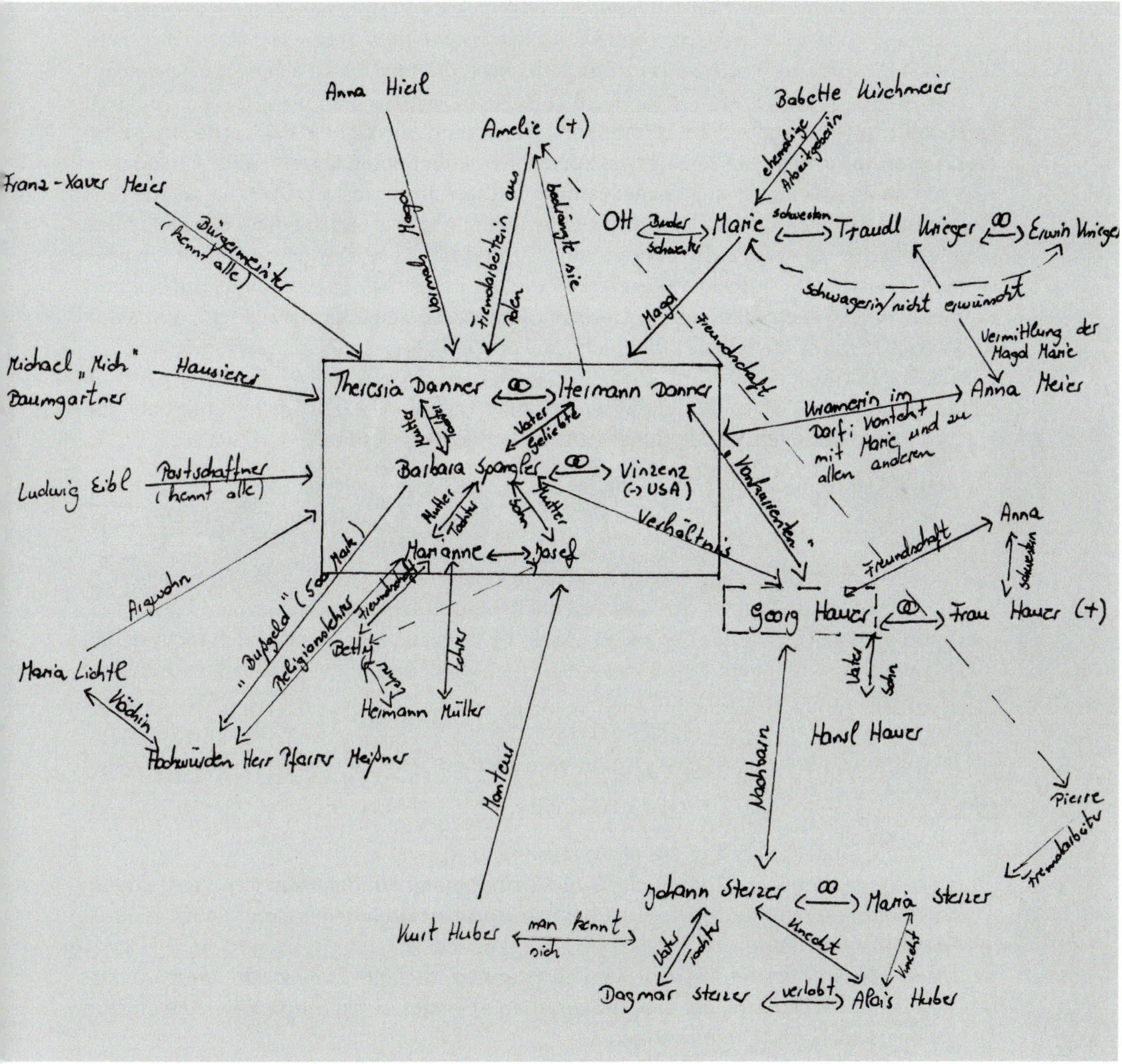

[Handgezeichnetes Figuren-Beziehungsdiagramm mit folgenden Beschriftungen:]

Anna Hiasl · Amelie (†) · Babette Kirchmeier

Franz-Xaver Meier — „Bürgermeister (kennt alle)"

Michael „Michl" Baumgartner — Hausierer → Theresia Danner

Ludwig Eibl — Postschaffner (kennt alle)

Maria Lichtl — Köchin · Hochwürden Herr Pfarrer Meißner

„Blutgeld" (500 Mark) · Religionslehre · Betty · Lehrer · Monteur

Theresia Danner (∞) Hermann Danner

Barbara Spangler (∞) → Vinzenz (→ USA)

Marianne ↔ Josef · Hermann Müller

OH — Bruder/Schwester — Marie — Schwestern → Traudl Krieger (∞) → Erwin Krieger

schwägerin/nicht erwünscht · Vermittlung der Magd Marie · Freundschaft · Magd

Unbekannte im Dorf/Kontakt mit Marie und zu allen anderen → Anna Meier

Verhältnis · Freundschaft → Anna

Georg Hauer (∞) → Frau Hauer (†) · Vater/Sohn · Hansl Hauer · Nachbarn · Pierre — Fremdarbeiter

Kurt Huber — man kennt sich

Johann Steizer (∞) Maria Steizer · Knecht · Dagmar Steizer — verlobt → Alois Huber

---

Die Ergebnisse der Schüler können im Unterrichtsgespräch gebündelt werden. Denn daraus entwickelt sich die Notwendigkeit, die Einzelpersonen dieser Dorfgemeinschaft detaillierter zu analysieren. Ziel dieser Analyse sollte es sein, aufzuzeigen, dass letztlich jeder dieser Bewohner mit in die Verantwortung gezogen werden kann. Die einen haben nur zugesehen und geschwiegen, andere haben sich aktiv an den Lästereien und dem Tratsch beteiligt.

Um möglichst zeitökonomisch arbeiten zu können, sollten die verschiedenen Dorfbewohner auf die Schülerinnen und Schüler aufgeteilt werden. Jeder erhält nun die Aufgabe, sich mit seiner Figur produktiv auseinanderzusetzen und die Ergebnisse zu präsentieren.

■ *Verfassen Sie auf der Basis der angegebenen Textstellen (s. u.) aus der Sicht Ihrer Person ein kurzes Statement. Dabei können folgende Fragen als Anregung dienen: Wie stehe ich persönlich zu den Danners bzw. zu Georg Hauer? Wie schätze ich die Situation ein? Wie verhalte ich mich?*

■ *Präsentieren Sie Ihr Ergebnis, indem Sie Ihr Statement vortragen und dann in einer für Ihre Figur charakteristischen Haltung als Statue erstarren. Ordnen Sie sich bereits gestellten Statuen zu und begründen Sie kurz Ihre Entscheidung.*

Eine Statue ist eine Variation des Standbildes. Durch eine zum Denkmal erstarrte Figur kann durch Haltung, Mimik und Gestik etwas Wesentliches über den Charakter einer Person oder sein Verhältnis zu anderen ausgesagt werden. Statuen sollen abstraktere Zusammenhänge deutlich machen. Ziel dieses Verfahrens ist es, nicht nur die verschiedenen Einstellungen herauszufiltern, sondern auch Gruppierungen innerhalb der Dorfgemeinschaft deutlich werden zu lassen. Da sind einerseits die, die wie der Postschaffner und Anna Hierl oder die Kramerin, Anna Meier, alles über die Gerüchte wissen, die sich aber aus allem heraushalten. Andererseits gibt es die anderen, die sich aktiv an Gerüchten beteiligen, wie z. B. die Pfarrersköchin. Darüber hinaus gibt es noch eine weitere Gruppierung von Menschen (z. B. Lehrer, die Sterzers), die spüren, dass etwas nicht in Ordnung ist, aber nichts unternehmen. Folgende Aspekte sollten in den Statements berücksichtigt werden:

1. Betty, 8 Jahre (Freundin von Marianne), S. 12–15: naiv, geht in die Kirche; gehorcht ihrer Mutter, freigebig, hat ein an sich gutes Verhältnis zu Marianne (Freundin), pragmatisch
2. Babette Kirchmeier, Beamtenwitwe, 86 Jahre (letzte Arbeitgeberin von Marie Meiler), S. 21–23: erzählt gerne aus der Vergangenheit; vergesslich; etwas verwirrt
3. Traudl Krieger, Schwester der Magd Marie, 36 Jahre, S. 26–34: setzt sich nicht gegen ihren Mann durch; liebt ihre Schwester, aber fügt sich in die Verhältnisse; entscheidet sich gegen ihren Instinkt
4. Hermann Müllner, Lehrer, 35 Jahre (Lehrer von Marianne), S. 43–45: kennt seine Schüler gut; macht sich Gedanken wegen des Fehlens, schiebt den nötigen Besuch bei den Danners aber immer auf
5. Ludwig Eibl, Postschaffner, 32 Jahre, S. 46–48: neugierig; ein Mann der Pflicht; hört sich Gerüchte an, hält sich aber aus allem raus (neutral)
6. Kurt Huber, Monteur, 21 Jahre, S. 52–60: aufmerksam; kundenfreundlich; geht ungern auf Konfrontationen ein; obwohl er über fünf Stunden dort arbeitet, unternimmt er nichts (zurückhaltend, feige)
7. Maria Sterzer, 42 Jahre, Bäuerin von Obertannöd, S. 109–113: schlau, weiß um das Geschehen im Dorf, meidet die Danners, mag sie nicht, ist mit für die Gerüchte im Dorf verantwortlich, stellt Vermutungen an
8. Johann Sterzer, 52 Jahre, Bauer von Obertannöd, S. 94–99: pflichtbewusster Mann, unterstützt seine Nachbarn, hat sich über das Fernbleiben der Danners keine weiteren Gedanken gemacht
9. Dagmar Sterzer, 20 Jahre, Tochter, S. 64–66: lebt und arbeitet auf dem Hof der Eltern; kümmert sich wenig um die Nachbarn, folgsam, verlässt sich auf die Aussagen anderer
10. Alois „Lois" Huber, 25 Jahre, Verlobter von Dagmar Sterzer und Knecht auf dem Sterzerhof, S. 100–104: kann zupacken; lässt sich antreiben; mutig (desertiert als 15-Jähriger im Zweiten Weltkrieg)
11. Hansl Hauer, 13 Jahre, Sohn des Georg Hauer, S. 190–193: gehorcht der Tante; hat Angst vor dem unheimlichen Hof; holt Hilfe
12. Franz-Xaver Meier, 47 Jahre, Bürgermeister, S. 114–118: verdrängt die Vergangenheit; redet vieles schön; geschäftig; reagiert wie ein Politiker, wälzt die Aufklärung auf die zuständigen Behörden ab
13. Anna Hierl, 24 Jahre, vormals Magd auf dem Dannerhof, S. 120–130: schlau, hat die Bluttat kommen sehen; weiß um die Hintergründe Bescheid; selbstbewusst; fleißig; verweist aber auf die direkte Konfrontation mit Hauer

14. Anna Meier, Kramerin, 55 Jahre, S. 135–139: gutes Gedächtnis; „Post" im Dorf; verwehrt sich gegenüber Gerüchten, will unabhängig sein; versucht, verschiedene Perspektiven einzunehmen, um Verständnis aufbringen zu können

15. Maria Lichtl, 63 Jahre, Pfarrersköchin, S. 143–147: abergläubisch und geschwätzig; für Gerüchte empfänglich

16. Hochwürden Herr Pfarrer Meißner, 63 Jahre, S. 148–152: weltfremd; gutmütig; handlungsscheu

Zusammenfassend sollte im Plenum die Frage nach den Handlungsmöglichkeiten gestellt werden. Bei allen Befragten wird eines ganz deutlich: Alle Beteiligten wussten um die Probleme in Bezug auf die Familie Danner und speziell in Bezug auf Georg Hauer und Barbara Spangler. Statt zu helfen, flüchten sich alle in Ausreden. Niemand fühlt sich verantwortlich.

> ■ *Fassen Sie die Gemeinsamkeiten der Dorfbewohner zusammen. Erläutern Sie, welcher Eindruck von der Gemeinschaft entsteht. Was hätten sie machen können, um die Tat zu verhindern?*

In einem vertiefenden Schritt sollen sich die Schülerinnen und Schüler mit der nicht wahrgenommenen Verantwortung der Dorfbewohner auseinandersetzen. Über ein „Geständnis" am Grab der Danners sollen sie sich in die jeweiligen Personen und deren Schuld hineinversetzen (**Arbeitsblatt 15**, S. 61).

> ■ *Bei der Beerdigung treffen sich alle Dorfbewohner am Grab der Familie Danner. Man kommt miteinander ins Gespräch. Dabei geht es um die Frage, was jeder hätte im Vorfeld tun können, um es erst gar nicht zum Mord kommen zu lassen. Es wird überlegt, was man alles falsch gemacht hat. Spielen Sie die Szene.*

> ■ *Versetzen Sie sich in die Lage eines der Dorfbewohner und gestalten Sie ein „Geständnis", das die Schuld „Ihrer" Person erläutert. Wenn Sie vernetzend arbeiten möchten, können Sie selbstverständlich auch ein Gespräch mit einer anderen Person/mit anderen Personen entwerfen.*

Alternativ zu dieser Art des Vorgehens ist auch eine Projektarbeit denkbar. In diesem Fall wären die Schülerinnen und Schüler nach einer kurzen Einstiegsphase, die sich mit dem grundsätzlichen Vorgehen beschäftigen würde, in Tandems auf sich allein gestellt.

> ■ *Dokumentieren Sie die Tannöder Bevölkerung für die Berichte der Polizei fotografisch. Dabei soll in der Fotografie nach Möglichkeit schon das Charakterprofil des Befragten deutlich werden.*

Die folgenden Schritte sollten bei der Durchführung berücksichtigt werden:
1. Textarbeit (Anhaltspunkte für die Fotografien)
2. Technische Gerätschaften (Computer, Fotoapparate, Beamer oder Computervernetzung)
3. Requisiten für die einzelnen Personen
4. Arbeitsform (Gruppenarbeit oder Partnerarbeit)
Den Schülerinnen und Schülern wird das **Arbeitsblatt 16** (S. 62) ausgeteilt.

> ■ *Gehen Sie im Text die Angaben zu „Ihrer" Person durch.*

> ■ *Fertigen Sie einige Fotografien „Ihrer" Person an und entscheiden Sie sich für die aussagekräftigste.*

■ *Übernehmen Sie dieses Foto in Power-Point und erstellen Sie anschließend eine stichwortartige Kurzcharakteristik.*

■ *Überlegen Sie sich abschließend eine mündliche, kurze Abschlussbewertung der jeweiligen Person.*

■ *Präsentieren Sie Ihre Ergebnisse zusammen mit Ihrer Partnerin/Ihrem Partner.*

Die Profilpräsentationen sollten im Kern dieselben charakteristischen Aspekte aufgreifen, wie bereits oben dargelegt. Hinzu kommen die verschiedenen fotografischen Möglichkeiten. Denkbar wären hier folgende Standbilder:

1. Betty, 8 Jahre (Freundin von Marianne): braves Mädchen mit Zopffrisur und schöner Puppe
2. Babette Kirchmeier, Beamtenwitwe, 86 Jahre (letzte Arbeitgeberin von Marie Meiler): alte Frau mit Dutt auf einem Stuhl; angelehnter Krückstock; Bild eines Mannes im Hintergrund
3. Traudl Krieger, Schwester der Magd Marie, 36 Jahre: etwas verhärmt aussehende Frau mit Schürze; trauriger Blick
4. Hermann Müllner, Lehrer, 35 Jahre (Lehrer von Marianne): Mann mit Brille, unauffällig
5. Ludwig Eibl, Postschaffner, 32 Jahre: Mann mit Mütze, pflichtbewusstes Auftreten
6. Kurt Huber, Monteur, 21 Jahre: sportlicher junger Mann, Blaumann (= Arbeitskleidung)
7. Maria Sterzer, 42 Jahre, Bäuerin von Obertannöd: Bauersfrau mit Schürze und Kopftuch
8. Johann Sterzer, 52 Jahre, Bauer von Obertannöd: Bauer in Arbeitskleidung
9. Dagmar Sterzer, 20 Jahre, Tochter: junge Frau mit Salat in der Hand
10. Alois „Lois" Huber, 25 Jahre, Verlobter von Dagmar Sterzer und Knecht auf dem Sterzerhof: „alt" aussehender junger Mann; Grauen in den Augen
11. Hansl Hauer, 13 Jahre, Sohn des Georg Hauer: eifrig, erschrockener Gesichtsausdruck
12. Franz-Xaver Meier, 47 Jahre, Bürgermeister: Mann mit Anzug und Krawatte
13. Anna Hierl, 24 Jahre, vormals Magd auf dem Dannerhof: junge, gut aussehende Frau
14. Anna Meier, Kramerin, 55 Jahre: Frau hinter einer Ladentheke
15. Maria Lichtl, 63 Jahre, Pfarrersköchin: einfache, etwas korpulente Frau mit Kochtopf und Kochlöffel
16. Hochwürden Herr Pfarrer Meißner, 63 Jahre: Mann im Talar

Auch nach dieser Projektarbeit sollte die Auswertung, wie bereits dargelegt, erfolgen. Dabei geht es um die Frage nach den Handlungsalternativen und die kritische Reflexion des Geschehenen (**Arbeitsblatt 15**, S. 61).

Notizen

_____

_____

_____

_____

_____

Die Erwachsenen der Familie Danner –
Textstellenrecherche

 *Arbeiten Sie auf der Basis der angegebenen Textstellen charakteristische Aussagen über die erwachsenen Mitglieder der Familie Danner heraus. Ordnen Sie diese in Stichpunkten mit Seitenzahlen den entsprechenden Figuren zu.*
– Hermann Danner (S. 18, 38, 46 ff., 57, 72 ff., 82, 85 ff., 112 f., 120 f., 125, 129, 138, 148 f.)
– Theresia Danner (S. 16 f., 31 f., 38, 47, 79–83, 124 ff.)
– Barbara Spangler (S. 38, 47 f., 75, 82, 128 f., 137 ff., 149 ff., 154 ff., 167)

■ *Beschriften Sie anschließend die Pfeile, um das Verhältnis der Familienmitglieder untereinander zu kennzeichnen.*

Hermann Danner
Kinder haben Angst vor ihm (S. 15), …

Theresia Danner
kümmert sich liebevoll um ihre Enkelkinder
(S. 16, 125), …

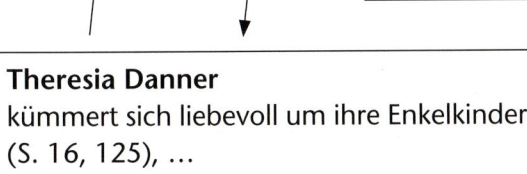
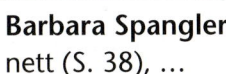

Barbara Spangler
nett (S. 38), …

Die Erwachsenen der Familie Danner –
Textstellenrecherche (Lösung)

■ *Arbeiten Sie auf der Basis der angegebenen Textstellen charakteristische Aussagen über die erwachsenen Mitglieder der Familie Danner heraus. Ordnen Sie diese in Stichpunkten mit Seitenzahlen den entsprechenden Figuren zu.*
  – *Hermann Danner (S. 18, 38, 46 ff., 57, 72 ff., 82, 85 ff., 112 f., 120 f., 125, 129, 138, 148 f.)*
  – *Theresia Danner (S. 16 f., 31 f., 38, 47, 79–83, 124 ff.)*
  – *Barbara Spangler (S. 38, 47 f., 75, 82, 128 f., 137 ff., 149 ff., 154 ff., 167)*

■ *Beschriften Sie anschließend die Pfeile, um das Verhältnis der Familienmitglieder untereinander zu kennzeichnen.*

Hermann Danner
Kinder haben Angst vor ihm (S. 18), großer, kräftiger Mann, einsilbig (S. 38), misstrauisch (S. 47), Eigenbrötler (S. 47), Pfennigfuchser, geizig (S. 57, 120), fetter Sparstrumpf (S. 72), Schlitzohr und Prahlhans (S. 79), Herrgott auf dem Hof (S. 86, 149), steigt den Mägden auf dem Hof nach (S. 112), bauernschlau (S. 120), Verhältnis mit Tochter, kein anderer Mann zählt (S. 82, 125, 138), verleugnet Barbara vor Georg Hauer (S. 129), ein richtiger Bauer (S. 138)

unterwirft sich | benutzt, demütigt | unterwirft sich | benutzt, macht abhängig

Theresia Danner
kümmert sich liebevoll um ihre Enkelkinder (S. 16, 125), wirkt seltsam, misstrauisch (S. 31 f.), verhärmt, verschlossen, älter als ihr Mann (S. 38), hat es nicht leicht (S. 47), gedemütigt, erniedrigt (S. 80), Abhängigkeit von ihrem Mann (S. 81), übersieht den Missbrauch an der Tochter bewusst (S. 82), fürchtet ihren Mann (S. 126)

benutzt →
← enttäuscht

Barbara Spangler
nett (S. 38), fesche Person (S. 47), Inzuchtverhältnis mit dem Vater (S. 82), Verhältnis mit Georg Hauer (S. 79, 128), Schlampe, Hure (S. 138), Hassliebe zum Vater (S. 149), Bewusstsein der Schuld lastet auf ihr (S. 150 ff.), beide Kinder stammen vom eigenen Vater (S. 156), spielt mit Georg Hauer, vor dem sie sich ekelt (S. 157), Vater ist von ihr abhängig (S. 158), kräftig (S. 167)

BS 3

Charakterisierung und Rollenmonolog

Charakterisierung

Die Charakterisierung einer literarischen Figur ist das Ergebnis einer **genauen Beschreibung und Deutung** der Textvorlage.

5 Dabei sollten folgende Gesichtspunkte berücksichtigt werden:

- Welche Bedeutung hat die Figur für das Geschehen (Hauptfigur, Nebenfigur etc.)?
- Erfährt der Leser etwas über die äußere Erscheinung, über Alter, Beruf und soziale Stellung?
10
- Welche Gewohnheiten, Einstellungen und Verhaltensweisen der Person, die „charakteristisch" (= bezeichnend und wesensgemäß) sind, werden im Text deutlich?
15
- Was ist an der Sprache der Person charakteristisch (z. B. im Gegensatz zur Umwelt)?
- Wie wird die Person von anderen eingeschätzt? Wie schätzt sie sich selbst ein (abzulesen an Äußerungen über die Person, eigenen Aussagen
20 bzw. Verhaltensweisen)?
- Welche Beziehung besteht zwischen der zu charakterisierenden Person und anderen Handlungsträgern? Nimmt die Person in besonderer Weise Einfluss auf die Lebensgestaltung anderer
25 Personen oder ist sie dem Einfluss durch andere in besonderer Weise ausgesetzt?
- Welche Veränderungen, Entwicklungen im Äußeren, in Wesenszügen und Einstellungen der Person werden deutlich? (Diese Frage ist beson-
30 ders bei längeren Texten, die einen größeren Zeitraum umspannen, von Bedeutung.)

Alle Aussagen, Behauptungen, Deutungen sollten am Text (Zitate!) belegt werden.

Rollenmonolog

Einen Rollenmonolog zu verfassen bedeutet, dass man sich in eine literarische Figur hineinversetzt. Schreiben Sie deshalb aus der Ich-Perspektive. Erstellen Sie mithilfe der Informationen des Textes 5 über „Ihre" Figur ein vielschichtiges Porträt. Folgende Fragen können als Orientierungshilfe genutzt werden:

- Welche Erziehung habe ich genossen?
- Wie sieht mein Alltag aus? Wie lebe ich? 10
- Welches Verhältnis habe ich zu meiner Umwelt?
- Wie sehe ich mich selbst? Was freut/verunsichert/belastet etc. mich?
- Was denken andere wohl über mich? … 15

Insgesamt sollte sich ein „literarisches" Bild der gewählten Figur ergeben.

■ *Charakterisieren Sie auf der Basis der bisher gewonnenen Ergebnisse ein erwachsenes Familienmitglied der Danners. Alternativ können Sie auch eine Rollenbiografie schreiben.*

■ *Erörtern Sie, ob bzw. inwiefern es sich um ein typisches Opfer handelt.*

Als Profiler auf der Suche nach den Ursachen der Bluttat

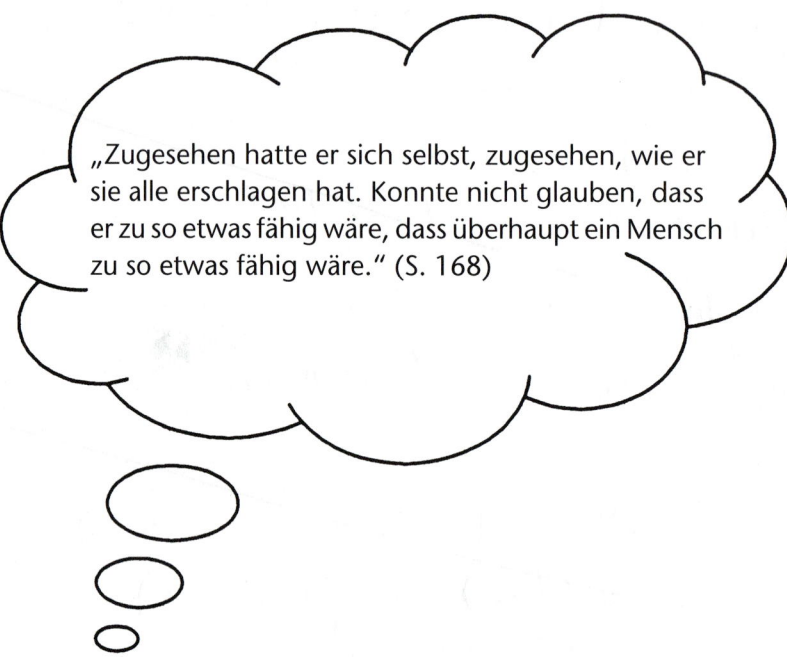

„Zugesehen hatte er sich selbst, zugesehen, wie er sie alle erschlagen hat. Konnte nicht glauben, dass er zu so etwas fähig wäre, dass überhaupt ein Mensch zu so etwas fähig wäre." (S. 168)

■ *Bearbeiten Sie die angegebenen Seiten und machen Sie sich Stichpunkte bzw. markieren Sie Kernstellen im Text:*
S. 9 ff., 41 f., 49 ff., 61 ff., 75 – 78, 90 ff., 94 – 104, 106 ff., 131 – 134, 156, 164 – 170

■ *Wie kann ein Mensch einen anderen wie „eine räudige Katze […] erschlagen" (S. 161) und wie in einem Rausch immer wieder zuschlagen (vgl. S. 162)? „So was macht doch kein gesunder Mensch" (S. 135), oder?*
Stellen Sie sich vor, Georg Hauer würde von der Polizei gestellt. Gestalten Sie in Partnerarbeit eine Szene in einem Verhörzimmer, in dem Sie als Profiler Georg Hauer verhören. In Ihrem Gespräch wollen Sie folgende Aspekte erhellen:
- *Persönlichkeit Hauers,*
- *bisheriger Lebenslauf,*
- *Eingebundensein in die Dorfgemeinschaft,*
- *Handlungsmotivation für die Mordtat.*

■ *Präsentieren Sie dem Kurs anschließend Ihre Szene.*

Die Dorfbewohner am Grab der Danners

Die sechs Särge im Stadl von Hinterkaifeck vor der Beisetzung 1922

■ *Bei der Beerdigung treffen sich alle Dorfbewohner am Grab der Familie Danner. Man kommt miteinander ins Gespräch. Dabei geht es um die Frage, was jeder hätte im Vorfeld tun können, um es erst gar nicht zum Mord kommen zu lassen. Es wird überlegt, was man alles falsch gemacht hat. Sprechen Sie die Szene.*

■ *Versetzen Sie sich in die Lage eines der Dorfbewohner und gestalten Sie ein „Geständnis", das die Schuld „Ihrer" Person erläutert. Wenn Sie vernetzend arbeiten möchten, können Sie selbstverständlich auch ein Gespräch mit einer anderen Person/mit anderen Personen entwerfen.*

Eine Fotokartei der Befragten

Sie sind von der Untersuchungskommission beauftragt worden, die Qualität der befragten Zeugen zu untersuchen. Aus diesem Grund ist es notwendig, sich deren Aussagen nochmals anzuschauen. Bereiten Sie Ihre Ergebnisse für die nächste Teambesprechung so vor, dass den Anwesenden ein Bild der Befragten/des Befragten mit den wichtigsten Angaben zu ihrer/seiner Person und ihrem/seinem Charakter präsentiert wird.

Vorgehensweise:

■ *Gehen Sie im Text die Angaben zu „Ihrer" Person durch.*

☐ Betty, 8 Jahre (Freundin von Marianne) (S. 12–15)

☐ Babette Kirchmeier, Beamtenwitwe, 86 Jahre (letzte Arbeitgeberin von Marie Meiler) (S. 21–23)

☐ Traudl Krieger, Schwester der Magd Marie, 36 Jahre (S. 26–34)

☐ Hermann Müllner, Lehrer, 35 Jahre (Lehrer von Marianne) (S. 43–45)

☐ Ludwig Eibl, Postschaffner, 32 Jahre (S. 46–48)

☐ Kurt Huber, Monteur, 21 Jahre (S. 52–60)

☐ Maria Sterzer, 42 Jahre, Bäuerin von Obertannöd (S. 109–113)

☐ Johann Sterzer, 52 Jahre, Bauer von Obertannöd (S. 94–95)

☐ Dagmar Sterzer, 20 Jahre, Tochter (S. 64–66)

☐ Alois Huber, 25 Jahre, Verlobter von Dagmar Sterzer (S. 100–104)

☐ Hansl Hauer, 13 Jahre, Sohn des Georg Hauer (S. 90–93)

☐ Franz-Xaver Meier, 47 Jahre, Bürgermeister (S. 114–118)

☐ Anna Hierl, 24 Jahre, vormals Magd auf dem Dannerhof (S. 120–130)

☐ Anna Meier, Kramerin, 55 Jahre (S. 135–139)

☐ Maria Lichtl, 63 Jahre, Pfarrersköchin (S. 143–147)

☐ Hochwürden Herr Pfarrer Meißner, 63 Jahre (S. 148–152)

■ *Fertigen Sie einige Fotografien „Ihrer" Person an und entscheiden Sie sich für die aussagekräftigste.*

■ *Übernehmen Sie dieses Foto in Power-Point und erstellen Sie anschließend eine stichwortartige Kurzcharakteristik.*

■ *Überlegen Sie sich abschließend eine mündliche, kurze Abschlussbewertung der jeweiligen Person.*

Präsentieren Sie Ihre Ergebnisse zusammen mit Ihrer Partnerin/Ihrem Partner.

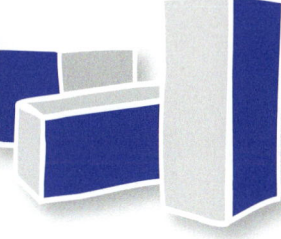

Schuld und Vergebung

In diesem Baustein geht es darum, das Verhalten Georg Hauers und die Schuld, die auf ihm lastet, näher zu untersuchen. Dabei ist es wichtig, dass die Auseinandersetzung mit seiner grauenhaften Tat bis zum Geständnis gegenüber seiner Schwägerin Anna untersucht und analysiert wird. Dadurch wird zwar das Verbrechen nicht menschlicher oder nachvollziehbarer, aber zumindest versucht Schenkel, dem Leser den Verarbeitungsprozess aus Sicht des Mörders zu vermitteln. Georg Hauer wird nach und nach wie von Furien getrieben und scheint, nachdem er seiner Schwägerin die Tat gestanden hat, nur noch einen Ausweg zu kennen: den Selbstmord.

4.1 Hauers Umgang mit der Schuld

Als Hinführung zur Thematik dient eine erste Definition des Begriffs Schuld. Diese kann je nach Lerngruppe über ein Arbeitsblatt oder über Folie präsentiert werden (**Arbeitsblatt 17**, S. 67). In einem nächsten Schritt sollen sich die Schülerinnen und Schüler mit dem folgenden Arbeitsauftrag auseinandersetzen:

> ■ *Erläutern Sie ausgehend von dem vorliegenden Lexikoneintrag die Bedeutung des Begriffs Schuld.*

Wichtig ist, dass eine Differenzierung zwischen rechtlicher und moralischer Schuld vorgenommen wird. Durch die Einsicht in die moralische Schuld kann erst der Prozess der Reue eingeleitet werden und das Verantwortungsbewusstsein einsetzen.

Die Ergebnisse können in einem Tafelbild festgehalten werden:

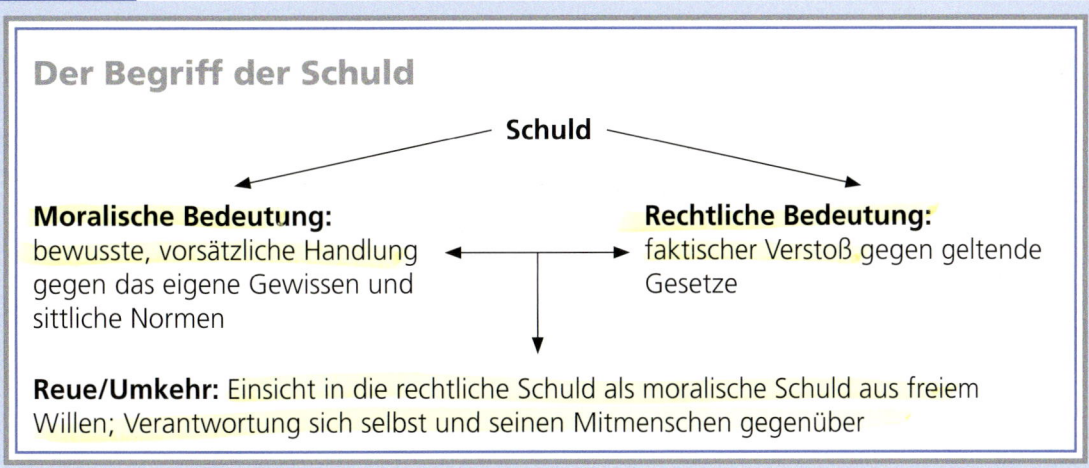

Der Begriff der Schuld

Schuld

Moralische Bedeutung: bewusste, vorsätzliche Handlung gegen das eigene Gewissen und sittliche Normen

Rechtliche Bedeutung: faktischer Verstoß gegen geltende Gesetze

Reue/Umkehr: Einsicht in die rechtliche Schuld als moralische Schuld aus freiem Willen; Verantwortung sich selbst und seinen Mitmenschen gegenüber

Aus dieser allgemeinen Beschäftigung mit dem Schuldbegriff ergibt sich die Notwendigkeit einer differenzierteren Untersuchung der Schuld-Thematik im Roman „Tannöd". Das Schuldigwerden der Dorfbewohner wurde bereits thematisiert. Georg Hauers Umgang mit der

Schuld müsste aus diesem Grund hier aufgegriffen werden. Der zweite Arbeitsauftrag (**Arbeitsblatt 17**, S. 67) greift diese Problematik auf.

■ *Überprüfen Sie mithilfe der angegebenen Textstellen, inwieweit der hier vorliegende Schuldbegriff auf Georg Hauer angewendet werden kann (Textstellen: S. 50, 61 ff., 98 f., 106 ff., 164, 164–170).*

Hauer ist sich seiner Tat durchaus bewusst. Er versucht, die Leichen zu verscharren (S. 50). Er durchlebt sich wiederholende Albträume (S. 106 ff.), ist verzweifelt, das Bild seines toten Sohnes verfolgt ihn (S. 134), er wird panisch und unvorsichtig, als er sein Messer zurückholt (S. 61 ff.); er gibt nicht auf, ehe er nicht alle Leichen selbst entdeckt hat (S. 98 f.), er vergisst, das Leinentuch wegzuwerfen (S. 164), und schließlich will er alles erzählen (S. 164–170). Es handelt sich um einen Bewusstwerdungsprozess, der zu der Erkenntnis führt, dass kein Platz mehr auf dieser Welt für ihn ist (Selbstmord). Seine Tat ist so ungeheuerlich gewesen, dass er die Schuld nicht tragen kann.

Auch diese Ergebnisse können an der Tafel oder auf Folie festgehalten werden:

Hauers Prozess der Bewusstwerdung seiner Tat

→ Leichen sollen verscharrt werden (S. 50)
→ Albträume (S. 106 ff.): „einem waidwunden Tier gleich schreit er seine Verzweiflung heraus" (S. 108)
→ Bild des toten Sohnes (S. 134)
→ Panik; Rückholaktion des verlorenen Messers (S. 61 ff.)
→ unermüdliche Suche und Entdeckung der Leichen im Beisein von Zeugen (S. 98 f.)
→ Leinentuch als Beweis wird bewusst nicht vernichtet (S. 165)
→ Beichte vor der Schwägerin Anna (S. 165–170)
→ Selbstmord: „Die Schuld, die er auf sich geladen hatte, hatte er mit dem Tuch von seinen Händen wischen wollen, aber es klebte immer noch an ihm" (S. 165).

Als ein weiterführender Aspekt kann im Gespräch das Gewissen als „innerer Gerichtshof" (Immanuel Kant) thematisiert werden.

■ *Erläutern Sie, wie bei Georg Hauer das Gewissen als „innerer Gerichtshof" einsetzt. Wie ist seine Reaktion zu deuten? Für wie nachvollziehbar halten Sie seine Entscheidung?*

Im Anschluss daran sollte unbedingt die Verantwortung Georg Hauers seiner Tat und der Gesellschaft gegenüber thematisiert werden (**Arbeitsblatt 18**, S. 68).

■ *Geben Sie den Text kurz mit eigenen Worten wieder und erläutern Sie die Problematik, die der Autor in Bezug auf die Verantwortung des Menschen sieht.*

■ *Überprüfen Sie auf der Basis der nachfolgenden Textstellen, ob Georg Hauer in das von Fernando Savater skizzierte Bild passt: S. 131–134, S. 164–170.*

Grundsätzlich sollten beim Abruf dieser Einzelarbeit im Unterrichtsgespräch folgende Aspekte berücksichtigt werden:
Georg Hauer flieht vor allen Konsequenzen, indem er den Freitod wählt und die Gesellschaft für seine Misere zur Rechenschaft zieht (vgl. S. 170). Dadurch wird er der ihm zuerkannten

und geschenkten Freiheit nicht gerecht. Allerdings ist auch hier zu beachten, dass die Gesellschaft, die ihn in seiner Misere völlig allein gelassen hat, auch eine Mitschuld an der Eskalation trägt (vgl. S. 131–134).

4.2 Das Schuldeingeständnis und seine religiöse Dimension

Die Frage, die sich am Romanschluss stellt, ist, welche Aspekte dafür sprechen, dass Hauer trotz seines Schuldigwerdens in gewisser Weise entlastet werden kann. Erste Hypothesen, die im Unterrichtsgespräch gesammelt werden, dienen an dieser Stelle als Problemaufriss. Vermutlich werden die Schülerinnen und Schüler die Schuld der Dorfbewohner, die Georg Hauer mit seinen Problemen allein gelassen haben, erneut aufgreifen. Darüber hinaus wird aber auch sicherlich der fehlende religiöse Bezug Hauers dargelegt werden. Im Kontrast dazu steht jedoch die verwendete religiöse Sprache des letzten Kapitels. Um den scheinbaren Widersprüchen zu begegnen, ist es nötig, nochmals den Text heranzuziehen.

■ *Gehen Sie nochmals in den Romantext (S. 164–170) und analysieren Sie die literarische Umsetzung von Hauers Geständnis gegenüber seiner Schwägerin. In welcher Weise finden sich hier religiöse Anklänge?*

Die Ergebnisse können in einer Tafelskizze kurz gesammelt werden:

Beispiele für die religiöse Sprache im letzten Kapitel

- Bett seiner verstorbenen Frau = Totenbahre (S. 164)
- Geständnis = Beichte (S. 165/167)
- Reue/Verantwortung = Absolution (S. 167)
- Abhängigkeit von Barbara = Dämon (S. 168)
- Falschheit der Menschen = Hölle auf Erden, Gottlosigkeit (S. 170)

Um den nächsten Erarbeitungsschritt zu erleichtern, sollte an dieser Stelle ein kurzer Lehrervortrag über die Rolle sowie die Funktion der kirchlichen Beichte (**Arbeitsblatt 19**, S. 69) stehen. Alternativ kann dies auch von einer Schülerin oder einem Schüler übernommen werden.

Ausgehend von diesem theoretischen Input können die bisherigen Ergebnisse aufgegriffen und diskutiert werden. Dabei geht es um die Frage, inwieweit sich die Aussage verändert, wenn Hauers Erzählung der Tat als Beichte im kirchlichen Sinne gewertet wird. Es ist kein Amtsträger, der ihn stellvertretend für Jesus Christus von den Sünden freisprechen könnte, anwesend, sondern nur seine Schwägerin Anna. Zwar ist er bereit, alles zu sagen, die Dimension des Göttlichen kommt aber für ihn nicht infrage, da es „keinen Gott auf dieser Welt" (S. 170) gibt. Darüber hinaus gibt es auch keine Umkehr im christlichen Sinne und die Versöhnung mit der Gemeinde, da jeder „alleine" (S. 170) ist.

■ *Setzen Sie sich in Diskussionsgruppen zusammen und überlegen Sie, inwieweit sich das Verständnis für Georg Hauer verändert, wenn man sein Geständnis als Beichte versteht. Diskutieren Sie auch, welche Probleme sich dadurch ergeben. Eine/einer aus der Gruppe sollte die wichtigsten Ergebnisse kurz dem Plenum vorstellen.*

Anschließend kann nach einer kurzen Stillarbeitsphase im Gespräch der Bogen zur Gesellschaftskritik und damit zur Anlage des Romans nochmals geschlagen werden.

■ *Wenn jeder alleine ist, die Gesellschaft dem anderen nicht hilft, ist der Einzelne dann verloren? Welche Rolle spielt dabei das letzte Gebet (S. 171)? Achten Sie auf die Platzierung der Litanei-Auszüge: Welche Rückschlüsse lassen sie auf die Angewiesenheit des Menschen auf Gott zu?*

Gerade der letzte Satz der Akklamation, „und lass mein Rufen zu Dir kommen!" (S. 171), zeigt, dass der Mensch sich trotz der Hoffnungslosigkeit in der Welt und der „Hölle" (S. 170), die in den Köpfen und Herzen herrscht, nach einer höheren Macht, die ihn aufhebt und so annimmt, wie er ist, sehnt. Schuld – egal in welcher Dimension – kann letztlich in der Vorstellung des Christentums nur Gott in seiner liebenden Annahme des Menschen vergeben. Auch wenn der Mensch die Welt vermeintlich als gottlos einstuft, ist es doch die transzendente Wirklichkeit, die noch Hoffnung schenken kann, und nicht die zerfallene, morbide Gesellschaft.

Dieses Aufgehobensein zeigt sich auch in der formalen Verklammerung der eigentlichen Handlung des Romans, die – bis auf den kurzen Prolog mit dem Hinweis auf den fiktiven Kommissar – mit der Litanei beginnt und mit ihrer Schlussformel endet. Die vollständige Handlung ist quasi mit dieser immer wieder zitierten Litanei verwoben. Dadurch wird deutlich, dass die Menschen – insbesondere Georg Hauer – nur glauben, allein gelassen worden zu sein.

Notizen

_____

_____

_____

_____

_____

_____

_____

_____

_____

_____

_____

_____

_____

_____

Der Begriff der Schuld

Schuld hat [eine] zweifache Bedeutung, eine moralische und eine rechtliche. Moralisch schuldig wird jemand, der mit seinen Handlungen und Unterlassungen oder durch bloßen Vorsatz bewusst und nach
5 freier Entscheidung gegen sein Gewissen und sittliche Normen verstößt. Da das Kriterium rechtlicher Schuld nicht bewusstes Handeln oder Unterlassen und böser Wille, sondern der faktische Verstoß gegen Gesetze ist, ist es notwendig, zwischen rechtlicher
10 und moralischer Schuld zu unterscheiden. In der Regel macht sich jemand, der ein Verbrechen begeht,

auch moralisch schuldig. [...] Die Strafe als *Sühne* für eine rechtliche Schuld soll die Einsicht in die mit ihr eingegangene moralische Schuld ermöglichen. [...] Nur die Erkenntnis einer rechtlichen als moralischen 15 Schuld ermöglicht *Reue*: nicht aufgrund äußeren Zwangs, sondern aus freiem Willen seine Tat als Schuld anzunehmen und sich zur *Umkehr*, zur Orientierung seines Handelns an den sittlichen Pflichten und der Verantwortung sich selbst und seinen Mit- 20 menschen gegenüber zu entscheiden.

Aus: Otfried Höffe (Hrsg.): Lexikon der Ethik. München: Beck, 6. Auflage 2002

■ *Erläutern Sie ausgehend von dem vorliegenden Lexikoneintrag die Bedeutung des Begriffs Schuld.*

■ *Überprüfen Sie mithilfe der angegebenen Textstellen, inwieweit der hier vorliegende Schuldbegriff auf Georg Hauer angewendet werden kann (Textstellen: S. 50, 61 ff., 98 ff., 106 ff., 164, 164–170).*

Die Rolle der Verantwortung

Die Freiheit ist unverzichtbar, um die Verantwortlichkeit festzustellen. Denn ohne zuschreibbare Verantwortlichkeit ist in keiner Gesellschaftsform das Zusammenleben möglich. Doch dieses Freisein ist nicht
5 nur Gegenstand des Stolzes, sondern auch der Besorgnis und sogar der Angst. Unsere Freiheit anzunehmen setzt nämlich voraus, unsere Verantwortung für das, was wir tun, zu akzeptieren – sogar für das, was wir beabsichtigen, oder für unerwünschte Folgen un
10 seres Handelns. Frei zu sein heißt nicht, nur dann „Hier!" zu rufen, wenn Belohnungen verteilt werden, sondern auch zuzugeben: „Ich war es", wenn der Schuldige einer Missetat gesucht wird. Im ersten Fall gibt es immer Freiwillige, doch im zweiten nimmt
15 man gewöhnlich bei der drückenden Last der Umstände Zuflucht: Der Betrüger lastet sein Vergehen dem früheren Verlust seiner Eltern an, den Versuchungen der Konsumgesellschaft oder den schlechten Beispielen des Fernsehens. Auch der Nobelpreis
20 träger spricht nur von seinen Anstrengungen

angesichts eines widrigen Schicksals und von seinen Verdiensten. Niemand möchte schließlich durch eine Auflistung seiner schlechten Handlungen charakterisiert werden. Wenn wir jemanden überfahren, antworten wir auf Vorwürfe: „Ich konnte nicht auswei- 25 chen. Ich hätte Sie an meiner Stelle sehen mögen, ich bin nicht so", und so weiter. Zugleich versuchen wir, die Schuld der Gesellschaft anzulasten, in der wir leben, oder dem kapitalistischen System – während wir gleichzeitig die Möglichkeit andeuten, sauber, 30 unparteiisch, mutig und besser zu sein als andere. Daher ist die Freiheit nicht eine Art Belohnung, sondern eine Last. Viele Menschen, die nicht ganz oder hinlänglich reif sind – das heißt solche, denen es an Selbstständigkeit und Selbstbewusstsein fehlt –, zie- 35 hen es vor, auf sie zu verzichten und sie einem Führer zu übertragen, der zugleich die Entscheidung trifft und die Last der Schuld auf sich nimmt.

In: Fernando Savater: Die Fragen des Lebens. Übersetzt von Andreas Simon. Frankfurt a. M./New York: Campus Verlag 2000, S. 156

1. *Geben Sie den Text kurz mit eigenen Worten wieder und erläutern Sie die Problematik, die der Autor in Bezug auf die Verantwortung des Menschen sieht.*

2. *Überprüfen Sie auf der Basis der nachfolgenden Textstellen, ob Georg Hauer in das von Fernando Savater skizzierte Bild passt: S. 131–134, S. 164–170.*

Die Beichte

Beichtstuhl

In der katholischen Kirche stellt die Beichte das mündliche Eingeständnis einer schuldhaften Verfehlung dar. Die Grundgestalt der Ohrenbeichte ist das Gegenüber von absolvierendem Priester und einzel-
5 nem Büßer, die Gemeinde ist nicht sichtbar beteiligt. Den Abstand zur Gemeinde illustriert besonders der Beichtstuhl. [...] Das für die altkirchliche Buße zentrale Wort „reconciliatio" (Wiederversöhnung) wurde in der erneuerten Bußliturgie und -theologie wie-
10 der aufgenommen: „Versöhnung" wurde zum Grundwort für den Inhalt des Bußsakramentes. Es ist besonders geeignet, den Zusammenhang zwischen göttlicher Vergebung, zwischenmenschlicher Kommunikation und innerer Heilung zu bezeichnen. Es
15 spricht nämlich erstens von der Initiative Gottes: Er ist der Versöhnende, die Menschen sind dazu eingeladen, sich versöhnen zu lassen (vgl. 2 Kor 5,18–20). Es spricht zweitens von der sozialen Dimension christlicher Schuldüberwindung: Die von Gott ge-
20 schenkte Versöhnung erreicht den sündigen Men-

schen in der mitmenschlichen Hilfe zur Umkehr und in den Versöhnungsgesten der Gemeinde. Und erst dadurch, dass der, dem vergeben wurde, seinerseits die Aussöhnung mit seinem Nächsten sucht, wird die Versöhnung zur Wirklichkeit seines Lebens. (Deshalb 25 sind der Empfang der Vergebung und die Bereitschaft zu vergeben untrennbar miteinander verknüpft. Vgl. Mt 5,24; 6,14 f.; 18,23–35.) „Versöhnung" sagt drittens etwas aus über die Heilung und die neue Verfassung dessen, dem vergeben wurde: Es meint die Über- 30 windung von Unfrieden, Isolierung, Entfremdung, die Herstellung von Frieden, Kommunikation, Identität. [...] Das Spezifikum des Bußsakraments in seiner heutigen Gestalt besteht formal darin, dass zu ihm das persönliche und konkrete Sündenbekenntnis ge- 35 hört und dass auf dieses Bekenntnis hin der dazu bevollmächtigte Amtsträger [gemeint ist der Priester] die Lossprechung erteilt.

Theodor Schneider (Hrsg.): Handbuch der Dogmatik, 2 Bände, Band 2, Düsseldorf: Patmos, ²1995, S. 324–329 © Patmos Verlag GmbH & Co. KG, Düsseldorf

Rezeption des Romans „Tannöd"

5.1 Das Theaterstück

Bereits im Sommer 2008 hat man sich mit Theaterfassungen von „Tannöd" beschäftigt. 2009 lagen zwei Fassungen vor: Eine erste Bühnenfassung wurde für das Schauspielhaus Dresden von Esther Rölz erstellt. Die zweite Bühnenfassung, die in Regensburg und Fürth inszeniert wurde, stammt von Maya Fanke und Doris Happl.
Mittlerweile existieren diverse Theaterfassungen (z. B. von Maik Priebe oder Jochen Schölch), die sich jedoch meist an das Stück von Frank und Happel anlehnen.

Als Einstieg dient das Theaterplakat der Erstaufführung in Dresden. Nach einer kurzen Einbettung durch die Lehrperson (Erläuterung der Hintergründe, s. o.) wird den Schülerinnen und Schülern das Plakat auf einer Folie präsentiert (**Arbeitsblatt 20**, S. 76).

■ *Wie wirkt das Plakat auf Sie? Beschreiben und deuten Sie die Abbildung. Vergleichen Sie die Art der Konzeption mit dem Buchcover Ihrer Ausgabe von „Tannöd".*

Das Plakat wirkt zunächst etwas befremdlich, weil nur zwei Menschen (Mann und Frau) abgebildet sind. Beide tragen Masken, sodass man die Mimik nicht erkennen kann. Die Körperhaltung der Frau ist geschlossen, sie wirkt streng. Der Mann sitzt aufrecht auf einem Stuhl, seine Hände ruhen auf seinen Oberschenkeln. Beide blicken geradeaus und hinterlassen den Eindruck von Erstarrung. Bei der Abbildung könnte es sich um Georg Hauer und seine Schwägerin handeln, da beide gerade durch das Schlusskapitel und die abgelegte „Beichte" in den Mittelpunkt rücken. Es könnte sich aber auch um keine bestimmte Person handeln, da die Menschen durch die Masken anonymisiert werden. Grundsätzlich weist das Buchcover auf den Einödhof hin. Im Gegensatz dazu wird hier der Fokus eher auf die Dorfgemeinschaft, die Menschen, gelegt.

Anknüpfend an diese ersten Eindrücke kann die Frage vertieft werden, warum der Regisseur sich für die Verwendung von Masken entschieden hat. Um diese Frage auch historisch einzubetten, empfiehlt es sich an dieser Stelle, einen Sekundärtext über die Bedeutung von Masken im antiken Theater (**Arbeitsblatt 21**, S. 77) einzuschieben, bevor die eigentliche Übertragung auf das Theaterstück „Tannöd" erfolgt.

■ *Arbeiten Sie aus dem Text die Funktionen der Masken im antiken Theater heraus.*

■ *Überlegen Sie, welche dieser Funktionen leitend für die Inszenierung des Schauspielhauses Dresden gewesen sein könnten.*

Die wichtigsten Ergebnisse können in Form eines Tafelbildes gesichert werden:

Die Bedeutung der Masken im Theaterstück „Tannöd"

Masken im antiken Theater ⟶ *Masken im Theaterstück „Tannöd"*

kultischer Bereich

mehrere Rollen

typisiert

praktisch (Mund als Schalltrichter)

entindividualisierend

Es sollen bestimmte Typen von Menschen dargestellt werden. Darüber hinaus soll deutlich werden, dass jeder in eine solche Situation kommen kann. Es gibt viele Georg Hauers.

Nach dieser Einstiegsphase folgt die Auseinandersetzung mit einem exemplarischen Auszug des Theatertextes (**Arbeitsblatt 22**, S. 78 f.). Die Sequenz sollte durch zwei oder drei Schüler präsentiert werden, die den Text zur Vorbereitung erhalten haben. Dadurch wirkt er unmittelbarer und den Schülerinnen und Schülern wird die Wirkung des Theaters im Unterschied zum Roman bewusster.

■ *Welche Wirkung hat der präsentierte Ausschnitt auf Sie? Was erinnert Sie unmittelbar an den Roman, was ist anders gelöst? Überlegen Sie, wie diese Unterschiede zustande kommen.*

Es handelt sich hier um zwei Sprechrollen, die wie Monologe wirken, da sonst niemand auf der Bühne anwesend ist. Der fiktive Kommissar wird zwar wie im Roman indirekt genannt, aber in dem Fall ist das Publikum derjenige, mit dem der Schauspieler kommuniziert. Inhaltlich sind die Aussagen sehr eng an den Romantext angelehnt. Anna Hierl wird aus dramaturgischen Gründen als Kellnerin im Gasthaus eingesetzt. Insgesamt findet sich eine Verdichtung der Informationen, da die Handlung innerhalb einer bestimmten Zeit auf der Bühne vermittelt werden muss. Seltsam ist, dass der Mörder mit einer Dämonmaske auftritt. Dies könnte dafür sprechen, dass er sich die ganze Zeit unter den Dorfbewohnern unbemerkt bewegen kann.

Nach dem ersten Wirkungsgespräch im Plenum sollte sich eine intensivere Textarbeit anschließen, in der die zuvor geäußerten Hypothesen verifiziert werden können. Die Schülerinnen und Schüler sollten hier im Tandem arbeiten, um ihre Gedanken untereinander austauschen zu können oder um die gestellte Aufgabe arbeitsteilig erledigen zu können. Der Austausch der Ergebnisse sollte im Plenum erfolgen.

■ *Lesen Sie die Theaterfassung durch. Überlegen Sie, wie die Autorin der Theaterfassung vorgegangen ist (vgl. Romanseiten 43 ff., 120 – 130).*

■ *Überlegen Sie, welche Wirkung im Theater erzielt wird, wenn der Mörder mit Dämonmaske während der Aussage von Anna Hierl auftritt.*

In einem weiteren Schritt sollte es darum gehen, wie man diese Szene auf der Bühne inszenieren kann. Rein inhaltlich scheint es kaum Unterschiede zur Romanfassung zu geben. Aus diesem Grund sollten in einer ersten Sammelphase grundsätzliche Inszenierungsmöglichkeiten des Theaters genannt werden.

Inszenierungsmöglichkeiten des Theaters

- Bild- und Filmprojektionen
- Lichteffekte (Buntlicht, Nebel, Schwarzlicht …)
- Stimmen aus dem Off
- Musikeinspieler
- Gesang, Tanz, Pantomime
- Kulisse, Masken, Kostüme, Requisiten

Nach dieser Vorarbeit sollten die Schülerinnen und Schüler dazu in der Lage sein, den Theatertext mit Regieanweisungen zu versehen. Dabei ist es am sinnvollsten, wenn sie in einer Gruppe gemeinsam an dem Problem arbeiten, um sich auch über die Wirkung der gewählten Mittel auszutauschen. Den einzelnen Gruppen werden Folien gegeben, auf denen sie ihre Ergebnisse festhalten können. Die Gliederung der Folie sollte die Aspekte Ausschnitt (Zeilenangabe), gewähltes Mittel, Begründung und Wirkung enthalten.

■ *Sie sind ein Team, das für die Inszenierung des Theaterstücks „Tannöd" verantwortlich ist. Überlegen Sie sich, wie Sie den vorliegenden Ausschnitt inszenieren würden. Wichtig ist, dass Sie Ihre Auswahl begründen können und die voraussichtliche Wirkung des Mittels berücksichtigen.*

Denkbar wäre z. B., dass beim Auftritt des Dämons folgende Inszenierungsmöglichkeit gewählt wird:

Ausschnitt	gewähltes Mittel	Begründung	Wirkung
Szene: Dämon 1	Dämon im Vordergrund, Rotlicht, Nebel, im Hintergrund die Gastwirtschaft mit den anderen Menschen	der Alltag wird durchbrochen	Wechsel für den Zuschauer, das Böse wird hervorgehoben

Die Ergebnisse werden im Schülervortrag präsentiert. Wenn es die Zeit zulässt, kann man die Schüler auch in die Projektarbeit entlassen und sie diesen Ausschnitt selbst inszenieren lassen. Dadurch erfahren sie unmittelbar die Wirkung des Gezeigten und auch den hohen Grad an Komplexität, dem sich ein Regisseur bei der Umsetzung eines Theaterstücks stellen muss.
Um diesen Teilbaustein abzuschließen, kann ergänzend eine Rezension zur Uraufführung des Theaterstücks herangezogen werden (**Arbeitsblatt 23**, S. 80). In der Einzelarbeit geht es nicht nur um den Vergleich der inszenatorischen Mittel, sondern auch um eine Abschlussbewertung.

■ *Arbeiten Sie die Mittel des Regisseurs aus dem Text heraus und vergleichen Sie diese mit Ihren eigenen Inszenierungsvorschlägen.*

■ *Bewerten Sie den Versuch, das ganze Stück von zwei Schauspielern präsentieren zu lassen.*

■ *Nehmen Sie Stellung zu Ralph Gambihlers Fazit: „Der Eindruck absichtsvoller Verfremdung stellt sich ein und wird verstärkt durch die antikischen Augenmas-*

ken, die die Figuren tragen. Hier will die Regie etwas sagen, das der Text womöglich nicht beglaubigt. Denn die Masken wirken vor allem aufgesetzt."

Die Ergebnisse sollten im Plenum aufgegriffen und diskutiert werden. Dabei könnten folgende Aspekte leitend sein: Das Bühnenbild lebt gerade durch seine Verfremdungstechniken (perspektivische Täuschungen durch die Raumgestaltung, minimalistische Requisiten, Videoprojektionen, Farbgebung, Beleuchtung). Dies wird durch das Spiel mittels zweier Schauspieler, die in jede Rolle schlüpfen und Masken tragen, nur noch verstärkt. Prinzipiell ist jeder Teil dieser Dorfgemeinschaft. Jeder, der nur zusieht und nichts unternimmt, kann mitschuldig werden. So ist auch die Wahl der Masken als Mittel der Typisierung und Entindividualisierung zu verstehen. Es soll nicht ein Georg Hauer und ein Dorf in Tannöd gezeigt werden, sondern die heutige Gesellschaft.

Als Zusatzinformation kann an dieser Stelle ein Referat eines Schülers über das Epische Theater Brechts eingeschoben werden. Darüber hinaus bietet das **Zusatzmaterial 5** (S. 94 f.) die Möglichkeit, die verschiedenen Theaterfassungen und deren Inszenierung auf der Bühne ansatzweise miteinander zu vergleichen.

5.2 Die filmische Umsetzung des Romans

Die Geschichte „Tannöd" wurde von Wüste Film und Constantin Film für die Leinwand adaptiert. Die Dreharbeiten liefen seit April 2008. 2009 kam die Verfilmung in die Kinos. (Regie führte Bettina Oberli, die gemeinsam mit Petra Lüschow auch das Drehbuch verfasste.) Diesen Aspekt kann man zum Anlass nehmen und die Schülerinnen und Schüler nach der bereits erfolgten Vorarbeit mit dem Theaterstück mit einer etwas komplexeren Arbeit beauftragen.

Für diesen Baustein werden Filmkameras und entsprechende Computerprogramme benötigt. Ein ganz einfaches Programm, das man sich auch herunterladen kann, ist z. B. Windows Moviemaker. Alternativ kann man ein Hörspiel vertonen lassen. Ein geeignetes und einfaches Programm am Computer ist z. B. Audacity. Da der Schwerpunkt auf dem Bereich Film liegt, wurde aber auf die Ausarbeitung der Alternativen verzichtet.[1]

Um den Schülerinnen und Schülern zunächst exemplarisch zu vermitteln, wie man mit filmischen Mitteln arbeiten kann, wird eine Textstelle des Romans zu einer Filmszene aufbereitet. Als Vorarbeit dazu sollten erste Vermutungen geäußert werden, welche Hilfen und Mittel man für das Verfilmen einer Handlung benötigt.

Wahrscheinlich werden vor allem das Drehbuch, der Regisseur und die Rolle der Schauspieler genannt werden. Das **Arbeitsblatt 24**, S. 81, dient dazu, diese ersten Äußerungen zu stützen und weiterzuführen.

■ *Skizzieren Sie kurz die wichtigsten Arbeitsschritte von der Idee bis zum Film in einem Schaubild.*

Die Ergebnisse können entweder auf Folie oder in Form eines Tafelbildes festgehalten werden:

---

[1] Hilfreich für eine Hinführung zum Hörspiel ist die Fachzeitschrift Praxis Deutsch 185 (2004): Literatur hören und hörbar machen

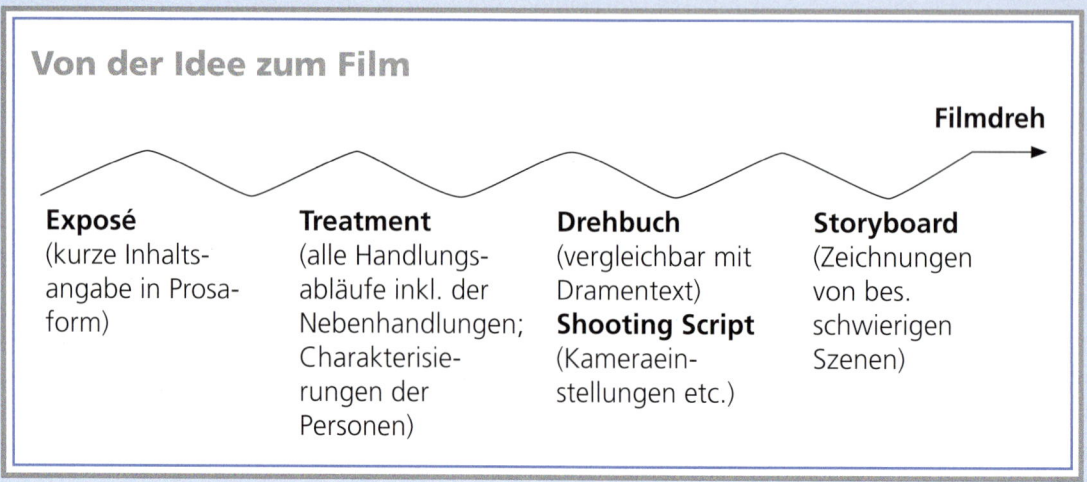

Von der Idee zum Film

Filmdreh

Exposé
(kurze Inhalts-
angabe in Prosa-
form)

Treatment
(alle Handlungs-
abläufe inkl. der
Nebenhandlungen;
Charakterisie-
rungen der
Personen)

Drehbuch
(vergleichbar mit
Dramentext)
Shooting Script
(Kameraein-
stellungen etc.)

Storyboard
(Zeichnungen
von bes.
schwierigen
Szenen)

In einem weiteren Schritt werden die Schülerinnen und Schüler als Tandems zusammengestellt, denn jetzt wird der Austausch untereinander sehr wichtig. Da die Erarbeitung des Exposés und des Treatments nicht mehr notwendig sind, können die Schüler direkt mit der Arbeit am Drehbuch beginnen. Bereits im Laufe des Unterrichtsmodells wurden die Handlungsstränge und auch die Charakterisierungen erarbeitet. Das **Arbeitsblatt 25** (S. 82) enthält die wesentlichen Aufträge. Darüber hinaus werden die **Arbeitsblätter 26 und 27** (S. 83 f.) benötigt.

■ *Erstellen Sie ein Drehbuch mit Shooting Script zu dem nachfolgenden Roman-ausschnitt aus „Tannöd".*
Hilfen zur Erstellung des Shooting Scripts finden Sie auf den Arbeitsblättern 26 und 27.

Denkbar ist, dass die Schülerinnen und Schüler besonders mit Lichteffekten (vgl. Traum) arbeiten. Darüber hinaus werden sie wahrscheinlich über die Totale einsteigen, um später die Gegenstände des Raumes in der Nah- bzw. Detailaufnahme zu zeigen. Weil der Raum aus der Sicht Georg Hauers geschildert wird, wählen sie unter Umständen die Normalansicht und folgen dem Blickwinkel des Bauern.

Die einzelnen Ergebnisse können in Form einer Konferenz vorgestellt und diskutiert werden. Dabei sollten die Rückmeldungen des Plenums nicht als Kritik, sondern durchaus als Ideen-fundus und Anregung verstanden werden. Im Anschluss daran würde im „Ernstfall" die filmische Umsetzung stehen. Hier ist anzumerken, dass wahrscheinlich in den wenigsten Schulen genügend Filmkameras zur Verfügung stehen. Dies wäre also ein Projekt, das die Schülerinnen und Schüler in häuslicher Arbeit umsetzen müssten. Eine Hilfe stellt das **Arbeitsblatt 28** (S. 85) dar.

■ *Sie haben die nötige Vorarbeit geleistet. Nun können Sie sich ans Werk machen und Ihr Drehbuch verfilmen. Wichtige Anregungen und Tipps zur Handhabung der Kamera und zum Filmen einer Szene finden Sie auf dem Arbeitsblatt 28.*

Die Kurzfilme können ähnlich einer Filmpremiere in einem lockeren Rahmen präsentiert und besprochen werden. Bei der Auswertung sollte auf die Verhältnismäßigkeit der Mittel ge-achtet werden: Haben die Schüler die richtige Kulisse gewählt? Spiegelt die Beleuchtung die Stimmung der Szene wider? Sind die Bildfolgen adäquat genutzt worden oder findet ein zu schneller Wechsel statt? All diese Fragen können vor der Besprechung in einem kurzen Kri-terienkatalog zusammengefasst werden, den die Schüler selbst erstellen. Die Kriterien bilden ihrerseits eine wichtige Schablone, anhand derer man sich bei der Bewertung der Kurzfilme orientieren kann.

Im Anschluss daran können sich die Schülerinnen und Schüler in die Lage von Filmkritikern versetzen und eine Rezension zu einem der Kurzfilme verfassen.

■ *Als versierter Filmkritiker haben Sie sich die verschiedenen Filmvarianten bei der Premiere angeschaut. Entscheiden Sie sich für eine Arbeit und verfassen Sie mithilfe des Computers eine ausführliche Rezension (Filmkritik), die in der nächsten „Kino für Kenner" erscheinen soll.*

Die Rezensionen werden im Plenum besprochen und den jeweiligen Filmemachern als „öffentliche" Rückmeldung zugeteilt.
Sollte nach erfolgter filmischer Arbeit die Lust am Filmemachen immer noch groß sein, können die Schülerinnen und Schüler eine Projektarbeit über mehrere Wochen beginnen. Diese muss nicht zwingend in der Schule stattfinden. Das **Arbeitsblatt 29** (S. 86) enthält Hilfen zum Erstellen eines Storyboards.

■ *Stellen Sie sich vor, Sie arbeiteten für Wüste Film und Constantin Film. Die Regisseurin Bettina Oberli erwartet einen außergewöhnlichen Trailer für die Kinos, denn der Film soll ein ebenso großer Erfolg wie der Roman werden, der allein in Deutschland ca. 500 000 Mal verkauft wurde. Sie werden mit der Arbeit an diesem Trailer beauftragt. Nutzen Sie neben den bereits bekannten Arbeitsblättern auch das Arbeitsblatt 29 für Ihr Projekt. Der beste Trailer wird prämiert.*

In einer Unterrichtsstunde sollten folgende Eckdaten geklärt werden, bevor die häusliche Projektphase startet:
a) Gruppenbildung/Gruppengröße,
b) Vorgehensweise in der Gruppe (Aufgabenverteilung, Zeitmanagement etc.),
c) benötigtes Material (Kulissen, Orte etc.),
d) Kriterien für einen guten Trailer (Berücksichtigung der handwerklichen Tipps, Aufbau der Atmosphäre durch Bildsequenzen, Tonelemente usw.),
e) Zeitfenster (Zeitpunkt der Fertigstellung).

Notizen

_____

_____

_____

_____

_____

_____

_____

_____

_____

_____

_____

Antikes Theater: Die Bedeutung der Masken

Der Ursprung der griechischen Tragödie liegt vermutlich im kultischen Bereich, genauer im Dionysoskult. Im Februar/März begingen die Athener ein großes Fest zu Ehren des Dionysos, des griechischen Gottes
5 des Weines, der Fruchtbarkeit, der Frühlingsblüte und der Verwandlung. Dieses Fest dauerte mehrere Tage. Während der großen *Dionysien*, wie diese ausschweifenden und opulenten Feiertage genannt wurden, wurde getanzt, Wein getrunken und es wurden
10 Maskenumzüge und Chorwettkämpfe veranstaltet. Insgesamt ist die Bedeutung des Wortes *tragodía* bis heute umstritten. Der eine Ansatz besagt, dass man den Ausdruck mit „Gesang anlässlich eines Bockopfers" übersetzen kann, der andere, dass neben diesem
15 kultischen Ursprung durchaus eine literarische Wurzel (vgl. Aristoteles) anzunehmen ist.
Für die Tragödien galt ab Sophokles die Konvention, dass drei Schauspieler miteinander agieren sollten im Zusammenspiel mit dem Chor[1] (Dreischauspieler-
20 Regel). Jeder Schauspieler spielte mehrere Rollen und es konnten nie mehr als drei sprechende Personen gleichzeitig agieren. Nur Männer waren als Schauspieler akzeptiert, da die Voraussetzung für einen Schauspieler die Vollbürgerschaft war, die zu der Zeit nur die Männer innehatten. Im antiken griechischen 25 Theater benutzten die Schauspieler typisierte Masken, um die Gefühle ihrer Rollen besser zum Ausdruck zu bringen und mittels der Ausbildung des Mundes als Schalltrichter den Schall zu verstärken. Diese Art der Maske wird als (lat.) *persona* bezeichnet. 30 Darüber hinaus erleichterte dies die Darstellung von Frauenrollen. Die Masken bedeckten dabei nicht nur das Gesicht, sondern wie ein Helm den gesamten Kopf. Es sind keine Masken erhalten, aber man kann Abbildungen auf Vasen finden. Die Masken dienten 35 vielfach auch der Entindividualisierung. Die Schauspieler verschwanden hinter der konzipierten Figur (lat. *figura* = Gebilde, Gestalt).

---

[1] Der Chor war ein wesentlicher Bestandteil der griechischen Tragödie. Er repräsentierte das Volk als Ganzes. Er rahmte, kommentierte und reflektierte das Gezeigte auf der Bühne. Gleichzeitig stellte er eine Verbindung zum Zuschauer her und lockerte die strengen Abläufe auf.

■ *Arbeiten Sie aus dem Text die Funktionen der Masken im antiken Theater heraus.*

■ *Überlegen Sie, welche dieser Funktionen leitend für die Inszenierung des Schauspielhauses Dresden gewesen sein könnten.*

Auszug aus der Theaterfassung von „Tannöd" nach Esther Rölz

■ *Lesen Sie die Theaterfassung durch. Überlegen Sie, wie die Autorin der Theaterfassung vorgegangen ist (vgl. Romanseiten 43 ff., 120–130).*

■ *Überlegen Sie, welche Wirkung im Theater erzielt wird, wenn der Mörder mit Dämonmaske während der Aussage von Anna Hierl auftritt.*

Das Theaterstück wird mit dem Auszug aus der Litanei „Der Du den Schächer am Kreuze erhörtest …" eröffnet. Danach folgt eine Szene auf dem Bauernhof zwischen dem kleinen Josef und der Dannerin. Im Anschluss daran setzt ein Ortswechsel ein. Die Dorfgemeinschaft hat sich im Gasthof versammelt und jeder erzählt seine Geschichte mit den Danners. Die Zeugenaussagen des Lehrers Hermann Müllner und der Magd Anna Hierl stehen an zweiter und dritter Stelle.

Hermann Müllner, Lehrer, 35 Jahre

Lehrer: Also, ich werde Ihnen nicht viel weiterhelfen können, da ich erst Anfang September an diese Schule versetzt worden bin. Bisher war immer so viel zu
5 tun, ich hatte noch nicht die Zeit, die Leute hier auf dem Land besser kennenzulernen. Die Kinder der zweiten Klasse unterrichte ich in allen Fächern außer in Religion. Dieses Fach wird durch unseren Herrn Pfarrer Meißner unterrichtet. Ja, die kleine Marianne
10 vom Tannödhof war in meiner Klasse. Sie war eine ruhige Schülerin, sehr ruhig.
Beteiligte sich nur zögerlich am Unterricht. Wirkte etwas verträumt. Ansonsten ist mir nichts aufgefallen.
Ihr Fehlen am Samstag hab ich natürlich gleich be-
15 merkt. Als die Schülerin am Montag wieder nicht zum Unterricht erschien, machte ich mir eine Notiz ins Klassenbuch. Nichts war anders als an anderen Schultagen, zu Unterrichtsbeginn sprachen wir unser   Morgengebet und wie immer bedachten wir da-
20 rin besonders jene Schüler, die aus Krankheitsgründen nicht im Unterricht anwesend waren. Dies ist ein ganz normaler Vorgang, wir machen es immer so, das ist nicht ungewöhnlich. Ich konnte ja zu diesem Zeitpunkt noch nicht ahnen, wie wichtig unser Gebet für
25 die kleine Marianne war. Ich hatte mir vorgenommen, sollte die Schülerin am Dienstag immer noch fehlen, zum Hof ihrer Großeltern nach Tannöd rauszufahren. Am Dienstag gleich nach der Schule wollte ich fahren, wurde aber dann leider aufgehalten.
30 Seitdem zerbreche ich mir den Kopf, ob ich vielleicht eher hätte rausfahren sollen. Aber hätte das der Marianne und ihrem Bruder, dem kleinen Josef, geholfen? Ich weiß es nicht.

Anna Hierl, 43 Jahre, vormals Magd auf dem Danner-
35 *hof, jetzt Kellnerin im Gasthaus*

Anna räumt das Glas ab und wischt mit einem Lappen aus dem Wassereimer die Bank und den Tisch sauber.

Anna: Auskommen hat man mit dem Danner und seiner Familie schon können. Ich kenn schon die Gerüchte. Ein Eigenbrötler war er. Sagen die Leute. Er 40 und seine ganze Familie. Also ich bin mit denen zurechtgekommen. Arbeit ist Arbeit. Arbeiten muss man überall. Die zahlen einem nicht fürs Faulenzen.
Wie das Verhältnis zwischen dem Danner und seiner 45 Tochter, der Barbara, war? Da hör ich schon, worauf Sie rauswollen. Also ich kann nichts sagen, ich hab mich aber auch nicht darum gekümmert und so lange war ich auch nicht auf dem Hof, nur vom Frühjahr zum Spätjahr. 50
Ob die Barbara bei ihrem Vater im Schlafzimmer geschlafen hat, wie hier einige behaupten? So was kann ich nicht beschwören. Ich kann nur sagen, was ich gesehen habe. Und gesehen habe ich die zwei nur einmal im Stadel. Und das nicht gewiss. 55
Da bin ich rein und die sind im Heu gelegen. Grad wie ich in den Stadel hinein bin, ist die Barbara aufgesprungen. Gar nicht gesehen hätt ich's, wenn sie nicht hochgesprungen wäre.
Ich hab so getan, als ob ich nichts bemerkt hätte, und 60 ich hab ja auch nichts gesehen. Nichts Genaues zumindest.
Wissen Sie, das ist doch nicht meine Sach. Bin ich der Pfarrer oder ein Richter? Was geht das mich an?
Ob ich glaub, dass die Kinder von ihrem Vater sind? 65 Na, Sie fragen vielleicht Sachen! Wenn ich ehrlich bin, ich glaub das schon, aber wissen kann ich das natürlich nicht. Ich bin ja nicht dabei gewesen. Aber mit eigenen Ohren habe ich gehört, wie der Danner gesagt hat, seine Tochter, die braucht keinen Mann. 70 Die hat ja ihn. Die Tannöderin, die Mutter von der Barbara, die war sehr wortkarg. Manche sagen mürrisch. Stimmt aber nicht. Verhärmt und vom Leben enttäuscht war die. Sie hat sich nur um die Enkel gekümmert. Die waren ihre einzige Freude, die Ma- 75 rianne und der Josef.
Ein schönes Leben hat die mit ihrem Mann bestimmt nicht gehabt, das kann man schon sagen. Die war um einiges älter als er und geheiratet hat der die bestimmt nur wegen dem Hof. Den hat nämlich die Alte gehabt 80

und der Danner, der ist eingeheiratet. Manchmal glaube ich, sie hat sich vor ihm gefürchtet, denn einer kann doch nicht sein ganzes Leben den Mund halten. Nicht einmal hat die die Stimme gegen ihn erhoben,
85 nicht einmal.

Selbst wie er ihr damals das Essen über den Boden geschleudert hat, bloß weil ihm ihre ewige Beterei auf die Nerven gegangen ist. Mit seinem Arm hat er den Tiegel vom Tisch gefegt, dass das Essen quer durch
90 den Raum gespritzt ist. Dagestanden ist sie, die Dannerin, und hat ohne ein Wort alles aufgewischt. Wie ein geprügelter Hund ist die dagestanden. Die Barbara hat ihr dabei zugesehen. Ich hätt mir das nicht gefallen lassen.

95 **Rufen von außen**

ANNA: Entschuldigung.

Szene: DÄMON 1

Der Mörder mit Dämonmaske kommt.

Gasthaus

100 ANNA: Ja, der Hauer. Das ist der nächste Nachbar. Dem seinen Hof kann man sehen, wenn man aus dem Dachfenster schaut. Ein schönes Anwesen ist das. Der Hauer, der war hinter der Barbara her. Nachgelaufen ist der der. Der kleine Bub soll ja von ihm sein. Zumindest hat der den Vater gemacht. Na, als Vater hat 105 er sich eintragen lassen beim Standesamt. Der Mann von der Barbara ist doch gleich nach der Hochzeit weg. Da war die Marianne noch gar nicht auf der Welt. Bei Nacht und Nebel soll der verschwunden sein. Von heut auf morgen. So hat es zumindest der 110 Hauer erzählt, auf dem Hof hat keiner darüber gesprochen.

Vor drei Jahren ist dem Hauer seine Frau gestorben. Krebs soll sie gehabt haben und recht lange hat sie leiden müssen. Kaum war seine Frau tot, da hat der 115 Hauer mit der Barbara ein Verhältnis angefangen.

Die Barbara muss gleich danach schwanger geworden sein. Gleich nach der Geburt von dem Bub, dem kleinen Josef, wollte sie auf einmal nichts mehr von ihm wissen, dabei war sie zuerst ganz vernarrt in ihn ge- 120 wesen und hätt sich ihm richtig aufgedrängt. Ob das stimmt, weiß ich nicht. Aber ich sag ja nur, was der Hauer mir selbst erzählt hat.

So, ich gehe jetzt wieder an meine Arbeit, wenn Sie keine Fragen mehr haben. 125

Aus: Tannöd. Theaterstück von Esther Rölz nach dem gleichnamigen Roman von A. M. Schenkel

Ralph Gambihler: Rezension zur Uraufführung von „Tannöd"

Tannöd – Viktor Tremmel bringt Andrea Maria Schenkels Erfolgskrimi auf die Bühne.

Wenn das Theater auf Prosa zurückgreift, was es derzeit häufig tut, sind die Bühnenbilder meist einfach und abstrakt. Kaum etwas drängt sich mit Schauwert in den Vordergrund. Im Gegenteil inszenieren diese
5 meist aus Sperrholzwänden bestehenden Kulissen die Leere und gestalten sie vor allem durch Proportion, Farbgebung bzw. Beleuchtung.
Ein solches Bild, das die visuelle Erinnerung an die literarische Vorlage zunächst einmal nicht aufkom-
10 men lässt, ist auch bei „Tannöd" im neubauLabor am Staatsschauspiel Dresden zu sehen. Durch perspektivische Täuschung deutet eine weiße Wand einen tiefen Raum an. Wenn einer der beiden Darsteller von hinten die Tür öffnet, die in der Wand eingearbeitet
15 ist, sieht es aus, als komme ein zu groß geratener Mensch herein, niedlich und ein bisschen monströs. Erst wenn er nach vorne gegangen ist, wo drei Stühle um einen Kneipentisch stehen, sind die normalen Verhältnisse wieder hergestellt. Ähnlich assoziativ
20 funktionieren Videoprojektionen, die den Raum wechselweise als Stall oder Stube kennzeichnen. In Endlosschleifen verschlingen Kühe Heu, ein Hund nagt immer wieder einen Knochen ab. Etwas Manisches und Beklemmendes liegt in diesen Aufnah-
25 men, die vordergründig nichts als fressende Tiere zeigen.
Das Bühnenbild hat also eindringliche Setzungen für das Unbegreifliche der verhandelten Tat gefunden. Es ist eine wohlüberlegte Antwort auf Anna Maria Schenkels rätselhaften Realismus. Gleichwohl kann 30 die Bühnenversion, die als deutsche Erstaufführung gezeigt wird, nicht rundherum überzeugen. Allzu redlich arbeitet sie sich an der Vorlage ab. Der Wille, dem Erfolgskrimi ein bühnentaugliches Drama abzugewinnen, bleibt doch immer spürbar. 35
Fünf Menschen sind tot: ein Bauer, seine Frau und seine zwei Kinder. Erschlagen wurden sie im Stall ihres Einödhofes entdeckt. Die Magd lag in der Kammer, ebenfalls erschlagen. Das ist die Situation, aus der heraus der Roman und mit ihm das Stück Einblick 40 in eine kleine, zutiefst verstörte Welt nimmt. Die Berichte und Gespräche der Dörfler, unterbrochen nur von Fürbitten, kreisen um das Geschehen und offenbaren dabei die sozialen Verhältnisse. Jede Mutmaßung ist auch ein Selbstzeugnis. Jeder Satz kann das 45 Versteck des Mörders sein.
Vera Irrgang und Viktor Tremmel (der auch für Regie, Kostüm- und Bühnenbild verantwortlich zeichnet) geben das Stück zu zweit. Sie muten sich viel zu, spielen alle Rollen im fliegenden Wechsel und neh- 50 men damit dem Publikum die Illusion, die ihnen das Buch lässt. Der Eindruck absichtsvoller Verfremdung stellt sich ein und wird verstärkt durch die antikischen Augenmasken, die die Figuren tragen. Hier will die Regie etwas sagen, das der Text womöglich 55 nicht beglaubigt. Denn die Masken wirken vor allem aufgesetzt.

www.kunststoff-kulturmagazin.de

■ *Arbeiten Sie die Mittel des Regisseurs aus dem Text heraus und vergleichen Sie diese mit Ihren eigenen Inszenierungsvorschlägen.*

■ *Bewerten Sie den Versuch, das ganze Stück von zwei Schauspielern präsentieren zu lassen.*

■ *Nehmen Sie Stellung zu Ralph Gambihlers Fazit: „Der Eindruck absichtsvoller Verfremdung stellt sich ein und wird verstärkt durch die antikischen Augenmasken, die die Figuren tragen. Hier will die Regie etwas sagen, das der Text womöglich nicht beglaubigt. Denn die Masken wirken vor allem aufgesetzt."*

Die filmische Umsetzung einer Idee

Der wichtigste Schritt für die Umsetzung einer Filmidee besteht darin, ein **Exposé** (frz. Darlegung, Entwurf) zu entwerfen. Dabei handelt es sich um eine kurze Inhaltsangabe in Prosaform. Wesentlich in diesem Zusammenhang ist eine gewisse Dramaturgie des Handlungsablaufs. Besonders wichtig sind dabei Anfang und Ende sowie das erste erregende Moment (plot point 1) und die fallende Handlung mit retardierendem, verzögerndem Moment (plot point 2). Das **Treatment** (engl. Handlungsentwurf) ist die ausführlichere Fassung des Exposés und stellt alle Handlungsabläufe inkl. Nebenhandlungen dar. Darüber hinaus werden die Figuren ausführlich charakterisiert. Erst wenn diese beiden ersten Schritte erfolgt sind, wird das eigentliche **Drehbuch** entworfen. In seiner Struktur weist es deutliche Ähnlichkeiten mit dem geschriebenen Drama des Theaters auf. Die Dialoge sollten aber nicht zu lang geraten. Neben dem Drehbuch gibt es das Shooting Script (engl. Arbeitsdrehbuch), welches die wichtigsten Kameraeinstellungen, Kamerabewegungen und Kameraperspektiven enthält und die Arbeitsgrundlage für alle am Filmgeschehen (Kameramann, Beleuchter, Regisseur etc.) beteiligten Personen darstellt. Häufig markiert der Regisseur diese Dinge im Drehbuch selbst, sodass keine zwei Dokumente notwendig sind.

Die filmische Umsetzung eines Drehbuchs gliedert sich in viele Zwischenschritte. Vor dem eigentlichen Dreh benötigen der Regisseur und seine Mitarbeiter eine Art zeichnerische Version des Drehbuchs, um sich die geschriebenen Szenen besser vorstellen zu können: das **Storyboard** (von engl. „Tafel") mit Schlüsselbildern der Erzählung. Besonders bei schwierigen Szenen kommt das Storyboard zum Einsatz, denn auch Einstellungsgrößen und Perspektivik werden hier bereits berücksichtigt und bieten erste wichtige Anhaltspunkte. Weitere Schritte sind die Auswahl der Drehorte, der Requisiten, Kostüme und der geeigneten Darsteller. Erst danach erfolgt der eigentliche Dreh.

■ *Skizzieren Sie kurz die wichtigsten Arbeitsschritte von der Idee bis zum Film in einem Schaubild.*

Eigene filmische Versuche – Entwurf eines kleinen Drehbuchs

■ *Erstellen Sie ein Drehbuch mit Shooting Script zu dem nachfolgenden Romanausschnitt aus „Tannöd".*
Hilfen zur Erstellung des Shooting Scripts finden Sie auf den Arbeitsblättern 26 und 27.

Der Raum ist in gedämpftes Licht getaucht.
Er kann nicht sagen, ob die Vorhänge geschlossen oder geöffnet sind. Er sieht den Raum vor sich, in ein milchig schimmerndes Weiß getaucht. Wie durch einen hauchdünnen Schleier.
Er sieht die Möbel des Raumes. Die Kommode, aus dunkelbrauner Eiche, schwer mit den drei
5 Schüben. Jeder der Schübe hat zwei Griffe aus Messing. Diese sind matt, abgegriffen vom Gebrauch. Die Schübe müssen an beiden Griffen zugleich gepackt werden, nur so kann man sie öffnen. Es sind schwere Schübe. (S. 78)

Drehbuch	Shooting Script
Georg Hauer (im Traum):	

Einstellungsgrößen beim Film

Detail
Mit dieser Einstellung wird extreme Nähe zum Zuschauer hergestellt. Man sieht nur ein kleines Detail, wie z. B. die tränenden Augen, die Hände an der Pistole, den Lichtschalter.

Groß
Bei dieser Einstellung sieht man nur den Kopf der dargestellten Person. Kinn und Stirn sind angeschnitten. Es handelt sich um keine belanglose Größe, denn die Aufmerksamkeit ist auf die Mimik konzentriert. Sie kann innere Zustände und Emotionen besonders intensiv ausdrücken und sollte mit Bedacht eingesetzt werden.

Nah
Hier werden Kopf und Schultern abgebildet. Ein Teil der Körperreaktionen (z. B. Schulterzucken) bleibt sichtbar. Sie ist die am häufigsten verwendete Größe bei Interviews oder bei Dialogen. Man spricht auch von Brustbild.

Amerikanisch
Sie zeigt den Menschen vom Knie an aufwärts und verdankt ihren deutschen Namen der häufigen Verwendung bei Duellszenen in Westernfilmen. Filmheld, Halfter, Colt und die „ziehende" Hand konnten nur in dieser Einstellung vernünftig ins Bild gesetzt werden.

Halbnah
Diese Einstellung wird oft mit der amerikanischen verwechselt. Sie zeigt den Menschen von der Hüfte an aufwärts. Das Interesse wird mehr auf eine Person gelenkt.

Halbtotale
Die dargestellte Person sieht man in ihrer vollen Körpergröße. Die Umgebung der Person wird ebenfalls gezeigt und spielt damit eine Rolle. Die Halbtotale kann eine Person einführen oder sie z. B. auf einem Weg begleiten.

Totale
Die Totale ist stärker handlungsbezogen als die Einstellung „weit" (s. u.). Bewegungen sind also deutlich erkennbar. Darüber hinaus erkennt man Einzelheiten, sodass sich das Publikum orientieren kann. Die Einstellung kann verwendet werden, um in die Handlung einzuführen.

Weit
Diese Einstellung wird oft am Anfang und am Ende eines Films verwendet. In einem Panorama von Bergen oder einer Landschaft sind die Menschen sehr klein dargestellt. Mit ihr kann man bereits eine Atmosphäre aufbauen.

Kameraperspektiven

Neben der Einstellungsgröße lassen sich auch durch die unterschiedlichen Perspektiven der Kamera bestimmte Wirkungen erzeugen.

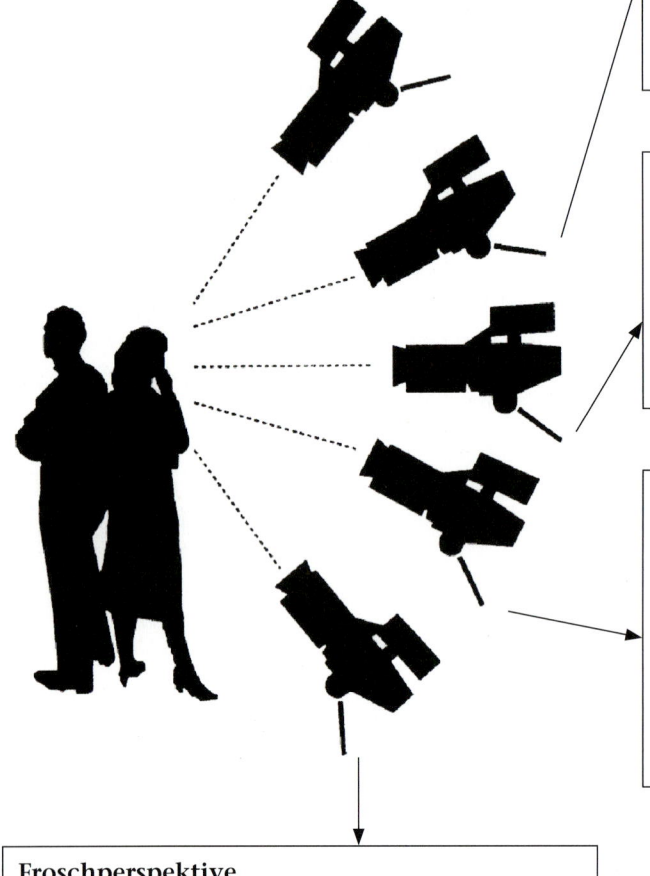

Vogelperspektive
Man blickt ganz von oben auf das Geschehen. Der Zuschauer erhält eine erhöhte Position. Man verschafft ihm eine Übersicht, so als hätte er Macht über das Geschehen.

Oberperspektive/Aufsicht
Derselbe Mensch, der aus der Froschperspektive noch bedrohlich aussah, wirkt erwartungsvoll, bescheiden. Der Zuschauer nähert sich an.

Normalansicht
Als Normalsicht wird eine Kamerahöhe von etwa 1,70 m (der Augenhöhe eines erwachsenen Menschen entsprechend) bezeichnet. Sie entspricht der gewohnten Sicht des Menschen.

Unterperspektive
Das ist die Sicht, aus der ein Kind die Dinge sieht. Der Zuschauer fühlt sich dabei immer ein wenig in die Rolle eines Kindes versetzt. Alles wirkt größer, mächtiger, überlegener.

Froschperspektive
Für diese Einstellung muss man sich mit der Kamera auf den Boden legen. Sie zeigt die Dinge buchstäblich aus der Sicht des Unterlegenen. Wenn man jemanden so darstellt, wirkt er nicht nur größer und mächtiger, sondern geradezu aggressiv und bedrohlich.

Tipps und Tricks für die Arbeit mit der Kamera

1. Ruhige Kameraeinstellung (Nach Möglichkeit ein Stativ verwenden!)

2. Bilder drehen (Nicht mit laufender Kamera das Objekt suchen!)

3. Bilder stehen lassen (Die Kamera positionieren und nicht mehr grundlos bewegen!)

4. Schwenk und Zoom (So sparsam wie möglich einsetzen!)

5. Einstellungen und Positionen ändern (Nicht nur die Einstellungsgröße ändern, sondern mit der Kamera den Standort wechseln. Auch die Kamerahöhe sollte man variieren!)

6. Einstellungsgrößen bewusst wählen (Jeweils ein um die andere Größe überspringen und vorher überlegen, was man mit der Größe aussagen will!)

7. Geschehen inszenieren (Objekte und Personen sollten bewusst platziert werden!)

8. 3 Takes à ca. 15–20 Sekunden pro Szene (Jede Einzelszene sollte aus drei Takes [= Aufnahmen, verschiedene Einstellungsgrößen] bestehen. Jedes Take wird durchgehend gefilmt!)

9. Wenig schneiden (Später sollte so wenig wie möglich geschnitten werden!)

10. Ton und Beleuchtung (Personen und Objekte nicht im Gegenlicht aufnehmen, da die Kamera das Gesamtbild verdunkelt!)

Das Storyboard

Storyboards werden eingesetzt zur Visualisierung von Drehbüchern und Planung einzelner Filmszenen mittels skizzenhafter Darstellungen vor dem eigentlichen Drehbeginn.

5 In der **ersten Spalte** des Storyboards werden in kleinen Skizzen die wichtigsten Szenen grafisch festgehalten. Die Positionen der handelnden Figuren sollen räumlich festgelegt werden, ebenso kameraspezifische Elemente wie Einstellungsgrö-10 ßen, unter Umständen auch Kamerabewegungen.

In der **zweiten Spalte** ist Platz für schriftliche Kommentare zum Geschehen, so etwa für nähere Erklärungen des Bildinhaltes oder die Beschreibung des Geschehens bis zur nächsten Szene. 15
Die **dritte Spalte** ist für die Beschreibung des akustischen Geschehens reserviert. Dazu gehören die Dialoge der handelnden Figuren, Musik und Geräusche. Die akustische Ebene sollte gleichberechtigt mit der optischen Ebene behandelt werden. 20 Wichtige Inhalte und Stimmungen können durchaus auch auf der Tonebene transportiert werden.

(Vorlage für eine Seite des Storyboards)

Seite:

Szenen/Takes	Kommentar	Ton/Musik
Szene/Take:		
Szene/Take:		
Szene/Take:		

Interview mit Andrea Maria Schenkel zu „Tannöd" und „Kalteis"

Frau Schenkel, herzlichen Glückwunsch zum CORI-NE Weltbild Leserpreis 2007! Frühere Gewinnerinnen waren z. B. Cecilia Ahern oder Diana Gabaldon – fühlen Sie sich wohl in dieser „Reihe"?

5 Ich denke schon. Soweit ich weiß, sind beide Autorinnen Quereinsteigerinnen, Frauen also, die bis zur Veröffentlichung ihres Buches ganz normal gelebt haben und mit denen ich, wenn auch in einem anderen Genre, die Liebe zum Schreiben teile.

10 **Die Preisverleihung findet im Rahmen einer großen TV-Gala statt. Sind Sie inzwischen schon zum „Medien-Profi" geworden und stehen solchen Ereignissen ganz nüchtern gegenüber?**
Ich freue mich darauf – und ich bin natürlich nervös
15 und auch ein wenig aufgeregt. Es wäre gelogen, wenn ich sagen würde, ich wäre es nicht. Ganz „nüchtern" steht man so einem Ereignis nie gegenüber. Dazu ist es einfach viel zu aufregend!

Wie hat sich Ihr Alltag verändert? Lesungen, Inter-
20 **viewtermine etc. dürften Sie einigermaßen beanspruchen!**
Ja, das kann man sagen. Aber ich lese sehr gerne, und darum sind Lesungen für mich, bisher zumindest, nicht anstrengend. Mir ist es sehr wichtig, mit meinen
25 Lesern ins Gespräch zu kommen, alles ist dann nicht mehr so anonym und unpersönlich. Ich versuche immer, Lesungen zu einem besonderen Ereignis für die Zuhörer zu machen. Sie sollen sich auf den Abend freuen und ihn in guter Erinnerung behalten. [...]

30 **In „Tannöd" lassen Sie Protagonisten und Nebenfiguren in interviewähnlichen Sequenzen selbst zu Wort kommen. Was war für Sie der besondere Reiz an dieser Erzählform?**
Die unterschiedlichen Perspektiven machen die Ge-
35 schichte lebendiger, bringen sie näher an die Realität. Es macht Spaß, sich beim Schreiben in die unterschiedlichen Personen und Charaktere hineinzudenken, diese zum Leben zu erwecken!

Ihr Roman bezieht sich auf einen authentischen
40 **Fall aus den 20er-Jahren. Wie viel an dem Buch ist authentisch, wie viel Fiktion?**
Der Fall, das Grundgerüst, ist authentisch, alles andere Fiktion und Imagination.

Ihr Krimi orientiert sich ganz offensichtlich nicht
45 **an den aktuellen Trends der „Branche". Sie finden einen ganz eigenen Ton, setzen auf ein ungewöhn-**
liches Setting. Verfolgen Sie, was andere Kriminalautoren so produzieren?
Ich habe das Buch so geschrieben, wie ich selbst als Leser es gerne lesen möchte. Ich denke, ein Buch kann 50 nur dann gut werden, wenn der Leser merkt, dass der Autor es mit seinem Herzen geschrieben hat, das Buch authentisch und ehrlich ist. Es ist wie mit allen Dingen im Leben: Man muss es gerne machen, nur dann gelingt es. 55

Sie haben es mit Ihrem Debüt „Tannöd" auf alle Bestsellerlisten geschafft. Wie kam diese Lawine ins Rollen und wie wichtig war dafür die Präsentation des Titels in Elke Heidenreichs Sendung „LESEN!"? 60
Das Buch kam ja bereits im Februar 2006 heraus und war eigentlich für ein Debüt auch im letzten Jahr sehr erfolgreich. Es war bereits seit seinem Erscheinen auf der „KrimiWelt-Bestenliste" auf den ersten Plätzen. Mit der Sendung „Lesen!" von Elke Heidenreich und 65 dem Deutschen Krimipreis 2007 wurde es einem noch größeren Publikum bekannt – und so auch bei vielen „Nichtkrimilesern" ein Erfolg, wie mir diese immer wieder auf Lesungen sagen.

Ihr zweites Buch, „Kalteis", spielt im München der 70 **30er-Jahre. Haben Sie schon überraschte Reaktionen bekommen, dass Sie das ländliche Milieu verlassen haben?**
Nein, bisher noch überhaupt nicht. Und für mich war von Anfang an klar, dass mein nächstes Buch nicht 75 mehr in einer dörflichen Umgebung spielen wird.

Gibt es Parallelen zwischen „Kalteis" und „Tannöd"? Orientiert sich die Geschichte wieder an einem authentischen Fall?
Ja. Ich denke, das ist dann auch so ziemlich die einzige 80 Parallele zwischen beiden Büchern – aber das sollten die Leser am besten selbst beurteilen.
In „Kalteis" geht es um einen Frauenmörder im München der 30er-Jahre. Der wahre Täter hinter meiner Romanfigur war bekannt als der „Schrecken des Mün- 85 chener Westens". Ein halbes Dutzend Morde und fast 100 Vergewaltigungen sollen von diesem Täter verübt worden sein. Er wurde im Jahre 1939 in München-Stadelheim hingerichtet, wie damals in Bayern üblich mit der Fallschwertmaschine. 90

Die Fragen stellte Henrik Flor, Literaturtest.

www.weltbild.de

■ *Welche Auswirkungen hat der Erfolg auf das Leben der Autorin?*

■ *Welche Parallelen gibt es zwischen „Tannöd" und „Kalteis"?*

„Bestseller kann man nicht planen"

Interview zu „Tannöd" und „Kalteis"
Von Almut F. Kaspar

Mit ihrem Kriminalroman „Tannöd" gelang Andrea
Maria Schenkel ein sensationelles Debüt: Das Buch
steht seit Monaten in den Bestsellerlisten. Im stern.
de-Interview redet die Autorin über ihr neues Buch
5 *„Kalteis" – und gesteht ihre Faszination für frauen-*
verachtende Gewalt.

Ihren Debütroman schrieb sie heimlich, abends,
wenn die Kinder schon im Bett lagen. Die heute
45-jährige Andrea Maria Schenkel hätte damals nie
10 gedacht, mit dem Buch einen derartigen Erfolg ein-
zufahren. Aber „Tannöd", im kleinen Hamburger
Verlag Edition Nautilus erschienen, setzte sich durch
– und zwar mit Wucht. Wurde ausgezeichnet mit dem
Deutschen Krimi-Preis und dem Friedrich-Glauser-
15 Preis für den besten Debüt-Krimi. Und verkaufte sich
hervorragend – obwohl das Manuskript vorher von
renommierten Verlagen wegen des unkoventionellen
Erzählstils abgelehnt worden war.
Für ihren neuen Roman „Kalteis", der jetzt ausgelie-
20 fert wird, nahm Andrea Maria Schenkel den authentischen Fall des Frauenmörders und Serienvergewal-
tigers Johann Eichhorn als Vorlage. Eichhorn, 1939
wegen fünffachen Mordes mit dem Fallbeil hingerichtet, war der „Schrecken des Münchner Westens",
25 wo er mit dem Fahrrad seine jungen Opfer suchte, sie
vergewaltigte, umbrachte und die Leichen auf besti-
alische Art und Weise schändete. Wie schon in „Tannöd" erzählt die Autorin aus wechselnden Perspektiven – herausgekommen ist eine Montage aus
30 Verhörprotokollen, Aktennotizen, Monologen und
Erzählpassagen. Im Mittelpunkt des Romans steht
Kathi, ein naives Mädchen aus der Provinz, das in
München ihr Glück sucht – und zum letzten Opfer
des Frauenmörders wird, der im Schenkel-Krimi Kalt-
35 eis heißt.
Andrea Maria Schenkel lebt mit ihrer Familie in Pol-
lenried, einem kleinen Dörfchen in der Nähe von
Regensburg. Als Schülerin litt sie unter einer Recht-
schreibschwäche und hatte durchweg schlechte No-
40 ten in Deutsch. Mit 16 machte sie eine Lehre bei der
Post, heiratete und bekam mit ihrem Mann, der heute Hals-Nasen-Ohren-Arzt mit eigener Praxis ist, drei
Kinder. War Hausfrau („Für mich ist das keine abwer-
tende Bezeichnung") und Mutter und half ihrem
45 Gatten, indem sie die Abrechnungen für ihn machte
– bis sie vor drei Jahren mit der Schriftstellerei anfing.

Andrea Maria Schenkel

Können Sie sich noch erinnern, wo, wie und wann
Sie die ersten Wörter Ihres Erstlings „Tannöd" ge-
schrieben haben? 50
Ich kann mich nicht mehr genau an das Datum erinnern. Es war jedenfalls ein Nachmittag im Mai 2004,
und ich fing so an: „Betty, 8 Jahre. Die Marianne und
ich sitzen in der Schule nebeneinander." Ich habe
diesen Satz in unserem Arbeitszimmer auf dem Lap- 55
top geschrieben. Die Tür des Arbeitszimmers war offen, ebenso die Tür zum Zimmer meiner Tochter. Sie
war damals fünf Jahre alt und spielte in ihrem Zimmer. Von meinem Platz am Schreibtisch konnte ich
sie sehen. 60

„Tannöd" war eines der erfolgreichsten Debüts im
deutschen Literaturbetrieb. Können Sie uns genau
sagen, wie viele Bücher bis jetzt verkauft worden
sind und in welche Länder die Rechte veräußert
worden sind? 65
Soweit ich weiß: etwa 250.000 Exemplare bis jetzt.
Die Rechte wurden nach England, Italien, Frankreich,
Spanien, die Niederlande, Japan, China verkauft. Insgesamt an 14 verschiedene Länder.

Wie vielen Verlagen haben Sie das Manuskript an- 70
geboten und von wie vielen kam wenigstens eine
Absage?
Ich glaube, es waren neun Verlage, denen ich das
Manuskript geschickt habe. Und alle – bis auf einen
– haben sogar geantwortet. Wie alle, die ihr erstes 75
Buch schreiben, habe ich natürlich auch versucht,
das Manuskript den großen Verlagen in der Branche
anzubieten. Allerdings war mir von Anfang an klar,
dass ich mindestens zwei Jahre brauchen würde, um
einen Verlag zu finden, der bereit wäre, einen Neu- 80
ling wie mich zu verlegen. Ich habe mir keinerlei Il-
lusionen darüber gemacht, dass der Weg, der vor mir
lag, steinig ist. Alles andere wäre Selbstbetrug, Traum-

tänzerei gewesen. Und dann ging es doch schneller
85 als gedacht.

**Die Geschichte eines sechsfachen Mords auf einem
bayerischen Einödhof vor über 80 Jahren wird
jetzt sogar verfilmt. Verraten Sie uns, wer Regie
führt und wer mitspielt?**
90 Die Rechte hat die Kölner Filmproduktion „Wüste
Film West". Im Moment, glaube ich, sitzt die Schwei-
zer Regisseurin Bettina Oberli, die zuletzt den Film
„Die Herbstzeitlosen" gemacht hat, mit der Berliner
Drehbuchautorin Petra Luschow an einem Treat-
95 ment. Wer da mitspielen wird, weiß ich nicht, steht
wohl auch noch nicht fest.

**Jetzt erscheint, erneut im kleinen Hamburger Ver-
lag Edition Nautilus, Ihr zweiter Kriminalroman
„Kalteis" – wieder ein authentischer Fall, diesmal
100 aus dem München der 30er-Jahre, wo ein Serien-
täter, der auf dem Fahrrad unterwegs ist, junge
Frauen umbringt. Wie sind Sie auf diesen Stoff
gestoßen?**
Nicht ich habe den Fall gefunden, mein Mann ist
105 darauf gestoßen. Er hat ihn in einem Katalog entdeckt, der zu einer Ausstellung im Münchner Stadt-
museum erschienen ist. Titel von Katalog und Ausstellung war „Polizeireport München 1799 – 1999".
Der Serienvergewaltiger Johann Eichhorn beging
110 seinen ersten Mord im Oktober 1931, seinen letzten
im September 1938. Eichhorn konnten 34 Vergewaltigungen und fünf Morde nachgewiesen werden. Dafür wurde er Ende 1939 mit dem Tode bestraft.

Was hat Sie an diesem Stoff so fasziniert?
115 Die Gewalt. Die frauenverachtende Gewalt, die von
diesem Täter ausging, die von Tätern dieser Art überhaupt ausgeht. Ihre Respektlosigkeit anderen Personen gegenüber, der alles überdeckende Narziss-
mus.

120 **Schon bei „Tannöd" hatten Sie sich für eine eigen-
willige literarische Form entschieden – eine be-
klemmende Mischung aus Wortlaut-Berichten,
Aktenauszügen und eingerückten Gebeten. Auch
„Kalteis" erzählen Sie mit dieser unkonventio-
125 nellen Methode. Haben Sie keine Angst, dass sich
diese Form abnutzt – jetzt, wo sie nicht mehr so
neu ist?**
Ich denke, solange man versucht, sich zu verbessern,
etwas dazuzulernen, besteht diese Gefahr nicht. Nur
130 wenn man sich nicht weiterentwickelt, keine Fort-
schritte mehr macht, wird jede Form der Literatur
oder der literarischen Bearbeitung langweilig. Nur
dann nutzt sie sich ab, wiederholt sich, wird langweilig, nicht nur für den Leser, auch für den Autor.

135 **Warum fehlt in Ihren Krimis der Ermittler, der
Detektiv, der Kommissar?**

Ein Lektor, der mir das „Tannöd"-Manuskript zurückschickte, gab mir damals den Rat, dass zu einem richtigen Krimi ein Detektiv oder Kommissar gehört.
Aber mit diesen klassischen Detektivromanen kann 140
ich nichts anfangen, die sind mir zu absehbar, die
interessieren mich auch als Leserin nicht.

**„Tannöd" ist eine Erfindung von Ihnen, der Tatort
hieß damals Hinterkaifeck. Auch den Mörder-Na-
men „Kalteis" haben Sie sich erdacht – der Täter 145
hieß damals Eichhorn. Nur eine Marotte?**
Für mich sind Hinterkaifeck und Tannöd zwei unterschiedliche Orte. Der eine Realität, der andere Fiktion, beide haben nichts gemeinsam. Ebenso Johann
Eichhorn und Josef Kalteis. Eichhorn ist für mich ein 150
Unbekannter, Kalteis eine Figur, die mir vertraut ist.
Hätte ich mich intensiv mit der Realität beider Fälle
auseinandersetzen wollen, hätte ich ein Sachbuch
schreiben müssen.

**Wie, wann und wo schreiben Sie? Immerhin sind 155
Sie die Ehefrau eines vielbeschäftigten HNO-Arztes
und Mutter dreier Kinder.**
Ich schreibe, wann immer es mir möglich ist, im Auto – aber nur als Beifahrerin, keine Angst –, in Hotels,
zu Hause, am Schreibtisch, im Bett ... Wo, spielt keine 160
Rolle für mich. Ich bin im Augenblick des Schreibens
nicht an einen Ort oder eine bestimmte Umgebung
gebunden. Wenn Sie so wollen, klinke ich mich für
Momente aus der Realität aus, und bisher funktioniert
das sehr gut. Geradezu ideal ist dafür natürlich Irland. 165
Meine Freundin lebt im Südosten des Landes, und
wenn ich alleine in meiner Ferienwohnung sein will,
bin ich das, und wenn nicht, brauche ich nur ins
Auto zu steigen und zu ihr zu fahren.

**Sie leben in einem kleinen Dorf in der Nähe von 170
Regensburg. Wie geht man dort mit einer Bestsellerautorin um? Wie reagieren Freunde und Be-
kannte?**
Die freuen sich, und wir kommen dann, Gott sei
Dank, sehr schnell wieder zu alltäglichen Dingen zu- 175
rück. Für meine Umgebung bin ich Andrea geblieben,
und das ist gut so. Man sollte sich selbst nicht allzu
wichtig nehmen.

**Wie geht Ihr Mann mit dem frischen Ruhm seiner
Gattin um? Und Ihre Kinder? Was hat sich im 180
Familienleben verändert?**
Er ist stolz auf mich und muss jetzt im Haushalt und
bei der Erziehung der Kinder stärker anpacken. Aber
ich glaube, das gefällt ihm.

**Warum haben Sie mit dem Schreiben so lange ge- 185
wartet? Warum haben Sie damit nicht schon viel
früher angefangen?**
Die Kinder waren kleiner, die Praxis meines Mannes
im Aufbau, und so hatte ich einfach keine Zeit dafür.

190 Ich habe, solange ich denken kann, geschrieben, meist kurze Geschichten, hatte aber nie den Mut, meine Sachen auch zu veröffentlichen. Ich liebe es, zum Beispiel abends mit dem Auto oder dem Zug durch die Landschaft zu fahren. Wenn die Häuser 195 innen beleuchtet sind und man reinschauen kann, finde ich das faszinierend. Man sieht irgendwelche Leute in den Räumen sitzen, und man kann sich jedes Mal dazu eine Geschichte überlegen.

Sie sollen schon an Ihrem dritten Buch sitzen. 200 **Wird es wieder ein Krimi, der auf einem authentischen Fall basiert? Oder etwas völlig anderes?**
Es wird erneut eine Geschichte über Menschen und ihre Beziehungen zueinander. Ja, ein kleiner Teilbereich dieser Geschichte basiert auch wieder auf einem 205 wahren Fall. Lassen Sie sich einfach überraschen.

Haben Sie sich von den unerwarteten „Tannöd"-Einkünften etwas gegönnt, was Sie vorher nicht hatten?
Ja und nein. Ich habe mir nichts gekauft, das greifbar 210 wäre, nichts Materielles – Auto, Haus, Schmuck oder dergleichen, wenn Sie das meinen. Allerdings hatten wir nie einen Babysitter, und den leiste ich mir nun ab und zu in den Ferien. Ich halte mir so den Rücken zum Arbeiten frei, und meine Kinder genießen die Zeit mit Nikole. 215

Ihr Autoren-Glück trübt noch ein kleiner Schatten: Der Münchner Autor Peter Leuschner, der über den sechsfachen Mord in Hinterkaifeck zwei Sachbücher verfasst hatte, behauptet, Sie hätten von ihm abgeschrieben – und hat Sie verklagt. Wie 220 **ist in diesem Fall der Stand der Dinge?**
Bisher gibt es nur die Ankündigung einer Klageeinreichung, und dies auch nur über die Medien. Die Klage selbst wurde bis jetzt nicht erhoben.

Was wäre, wenn „Kalteis" nicht wie sein Vorgän- 225 **ger „Tannöd" ein Bestseller würde? Haben Sie Angst davor, einen Flop zu landen?**
Einen Bestseller kann man niemals planen. Ich selbst finde „Kalteis" besser als „Tannöd" – und kann nur warten, ob meine Leser diese Meinung mit mir teilen 230 oder nicht. Immerhin hat der Verlag wegen der starken Nachfrage eine Startauflage von 50.000 Exemplaren drucken lassen.

Almut F. Kaspar/Stern/Picture Press

■ *Welche Auswirkungen hat der Erfolg auf das Leben der Autorin?*

■ *Wie ist die Autorin auf den Stoff der Kriminalgeschichte zu „Kalteis" aufmerksam geworden?*

■ *Welche Parallelen gibt es zwischen „Tannöd" und „Kalteis"?*

Plagiatsvorwürfe gegen Bestsellerautorin

Andrea M. Schenkel: „Es geht nur ums Geld"

Was sagen Sie zu den Plagiatsvorwürfen des Herrn Leuschner?

Diese Beschuldigungen sind absurd. Die Sache tut
5 mir richtig weh. Ich kenne Peter Leuschner durch
seine Bücher und habe deshalb mit ihm vor einiger
Zeit Kontakt aufgenommen und ihn sogar einmal
mit meinen zwei kleinen Kindern in seinem Schloss
besucht. An diesem Tag habe ich mich mit ihm über
10 mein Buch unterhalten, es war ein nettes Gespräch.
Das war vor einem Jahr. Am Ende schenkte ich ihm
eine Ausgabe von „Tannöd" und bedankte mich für
den schönen Nachmittag. Seine jetzige Klageandro-
hung ist daher vor allem eine persönliche Enttäu-
15 schung.

**Wieso droht Herr Leuschner erst jetzt mit dieser
Klage, wenn er das Buch bereits vor einem Jahr
von Ihnen bekommen hat?**

Ich denke, Herrn Leuschner geht es nur um das Geld.
20 Er kannte „Tannöd" bereits, bevor der Roman so oft
verkauft wurde. Damals, als dieser Erfolg noch keineswegs abzusehen war, hatte er nichts gegen meine
Darstellung der Geschichte einzuwenden. Und jetzt
fordert er einen großen Teil der Bucherlöse für sich.

25 **Ihr Buch greift den historischen Mordfall von Hinterkaifeck auf. Haben Sie die beiden Sachbücher
Peter Leuschners über diesen Fall für Ihre Recher-
chen benutzt?**

Ich habe zur Vorbereitung auf den Roman mehrere
30 Sachbücher, unter anderem die des Herrn Leuschner,
und Zeitungsartikel gelesen. Außerdem habe ich im
Internet nach Material gesucht und dort etwa neun-
hundert Hinweise zu dem Fall gefunden. Vor allem
aber habe ich mich auf Fakten gestützt, die in den frei
35 zugänglichen Akten im Augsburger Staatsarchiv zu
finden sind. Die Erkenntnisse des Herrn Leuschner
beruhen ebenfalls auf diesen Fakten, daher wider-
sprechen sich meine und seine Schilderungen des
Falles auch nicht. Deshalb aber zu behaupten, Fi-
40 guren meines Buches entstammten eigentlich der
Fantasie des Herrn Leuschner, ist lächerlich.

Andrea Maria Schenkel

**Der Vorwurf bezieht sich nicht nur auf Figuren,
sondern auch auf konkrete Einzelheiten des
Buches, die Sie abgeschrieben haben sollen.**

Herr Leuschner wirft mir zum Beispiel vor, ich hätte 45
von ihm die Idee, den Lehrer einer verschwundenen
Schülerin mit der Klasse das Vaterunser beten zu lassen. Das ist absurd. Es gibt im bayerischen Staatsarchiv in Augsburg ein Vernehmungsprotokoll einer
ehemaligen Mitschülerin der Cecilia Gruber, das ist 50
das ermordete Mädchen im wahren Fall. Diese Mitschülerin gab an, dass damals eine Lehrerin das Gebet
für die kleine Cecilia vorgeschlagen habe. Das ist alles
in den Akten nachzulesen.

Ihr zweites Buch soll demnächst erscheinen. Be- 55
ruht es ebenfalls auf einem wahren Fall?

Der Geschichte liegt wieder eine Begebenheit zugrunde, die sich wirklich zugetragen hat. Ich habe wieder
so viel Recherchematerial wie möglich gesucht. Den
Titel „Kalteis" habe ich allerdings nicht aus Büchern 60
oder Zeitungsartikeln, sondern zufällig bei einem Spa-
ziergang auf dem Friedhof entdeckt. Dieser Name
stand auf einem Grabstein. Wahrscheinlich wird mich
jetzt noch die Familie des Toten verklagen.

Das Gespräch führte Martin Wittmann. 65

© F.A.Z. GmbH, Frankfurt am Main

■ *Arbeiten Sie die hier dargestellte Problematik heraus.*

■ *Erörtern Sie, ob bzw. inwiefern Leuschner berechtigt war, eine Klage gegen Andrea Maria
Schenkel zu führen.*

Publizistenkrieg vor dem Ende?

Erleichterung, nicht nur bei der Edition Nautilus und bei Andrea Maria Schenkel: Die Plagiatsklage gegen „Tannöd" ist chancenlos.

„Keine Chance auf Erfolg" – mit diesen deutlichen
5 Worten hat das Landgericht München am Mittwoch wohl das Ende der berühmt-berüchtigten Plagiatskla- ge des Sachbuchautors Peter Leuschner gegen Andrea Maria Schenkel und ihren Kriminalroman *Tannöd* eingeleitet. Ein Urteil mit detaillierter Begründung
10 wird zwar erst Mitte Mai ergehen, doch das Ergebnis der bisherigen einstündigen Verhandlung lässt kaum Zweifel über die endgültige Richtung des Verfahrens. Von Beginn an trug diese Plagiatsklage alle Elemente des Bayrischen Volksstücks. Da gab es zum einen die
15 schaurige Mordgeschichte: 1922 war auf dem Einöd- hof Hinterkaifeck eine ganze Bauernfamilie, Großel- tern, Tochter und kleine Kinder, erschlagen worden. Der Fall ist bis heute unaufgeklärt und hat seit den 20er-Jahren immer wieder die Emotionen hochko-
20 chen lassen. Mal war ein neues Indiz aufgetaucht, aus dem sich eine neue Verdächtigung ergab, mal er- schien, meist zu einem Jahrestag, ein dramatischer Tatsachenbericht, ein Film, ein Theaterstück, ein Sachbuch. Zur literarischen Sensation wurde der
25 Mordfall durch den Roman *Tannöd* , der 2006 bei der Hamburger Edition Nautilus von der damals völlig unbekannten Autorin Andrea Maria Schenkel veröf- fentlicht worden war. Der berauschende Erfolg der Hausfrau und Mutter, die zuvor nicht eine Zeile ver-
30 öffentlicht hatte, ließ die Herzen aller erfolglos Schreibenden höher schlagen.
Nach einem Jahr war *Tannöd* in aller Munde. Der Kriminalroman wurde von der Kritik gelobt und mit dem Deutschen Krimi-Preis prämiert, erhielt den
35 Glauser-Preis; die Hörspielfassung wurde ebenfalls ausgezeichnet, und *last but not least*: Seit Anfang 2007 stehen *Tannöd* und inzwischen auch *Kalteis*, Schen- kels zweiter Kriminalroman, Monat für Monat auf den Bestsellerlisten.
40 Die Rolle des Enterbten übernahm der Journalist und Sachbuchautor Peter Leuschner, der seit 1982 mehr- fach über den historischen Mordfall Hinterkaifeck geschrieben und 1987 sowie 1997 ein bis 2006 wenig beachtetes Sachbuch zum Thema veröffentlicht hat-
45 te. Ihm stieß nun auf, dass Schenkel das Mordgesche- hen in *Tannöd* aufgegriffen hatte. Die Ähnlichkeit einiger Tatsachenschilderungen zwischen seinem Sachbuch und dem Schenkel'schen Roman – und ver-

mutlich weit mehr der Erfolg der Konkurrentin – weckten in ihm den Plagiatsverdacht. In einer mehr- 50 monatigen publizistischen Kampagne verbreitete Leuschner diesen in „Entwürfen von Klageschriften". Die Medien von *Bild* bis *ZEIT* griffen die Vorwürfe auf und erörterten. Schenkels Bekanntheit wuchs, die Peter Leuschners auch. Erst Ende August 2007, nach- 55 dem wirklich alle Welt Bescheid wusste, reichten Leuschners Anwälte eine Klageschrift beim Landge- richt München ein. Darin wurde – bei einem vorläu- figen Streitwert von 500.000 Euro – der Vorwurf er- hoben, Schenkel habe wesentliche Elemente des 60 wegen seiner Gestaltung, Faktenaufbereitung und fiktionalen Darstellung einzelner Geschehnisse urhe- berrechtlich geschützten Werkes *Hinterkaifeck* in ih- ren Roman übernommen. Gefordert wurde die Ein- stellung der Verbreitung und Auslieferung von 65 *Tannöd*, die Vernichtung aller Exemplare und Scha- denersatz.
Die vorläufige Entscheidung in diesem Fall gegen Leuschners Klage ist – vorbehaltlich einer genauen Würdigung des noch ausstehenden Urteils – nicht 70 nur ein Erfolg der unbekannten Aufsteigerin vom Lande. Literarisch wäre ein Urteil gegen *Tannöd* der Sieg der Kolportage über die Literatur. Ein Urteil ge- gen Schenkel würde auch ein essenzielles Verfahren der Weltliteratur unter Strafe stellen: die künstle- 75 rische Anverwandlung bereits bearbeiteter Stoffe. Was wäre Defoes *Robinson Crusoe* ohne den Bericht Richard Steeles über die Abenteuer Alexander Sel- kirks, was wäre Brechts *Dreigroschenoper* ohne John Gays *Beggar's Opera* oder Heiner Müllers *Germania 3* 80 ohne Hölderlins, Goethes, Kafkas und Brechts Texte? Durchweg Plagiate.
Nur zur Erinnerung: Bei *Tannöd* handelt es sich um einen Roman, der vielfach verbreitetes, berichtetes und aktenkundliches Material neu erzählt, in eine 85 andere Zeit und ein anderes Milieu transponiert und literarisch bemerkenswert gestaltet ist. Ein Urteil ge- gen *Tannöd* hätte jeden einigermaßen gestalteten Text wie in Kunstharz gegossen, durch Urheberrecht geschützt. Jeder Text mit Materialien aus einem an- 90 deren Text könnte vom Kadi kassiert werden. Nein, das Münchner Landgericht bewegt sich auf einer wohltuenden Linie der Kunstfreiheit. Die im Urteil präzisiert werden wird. So ist zu erwarten.

© ZEIT online

■ *Fassen Sie den Artikel zusammen. Analysieren Sie anschließend Sprache und Aufbau.*

■ *Erläutern Sie, welche Position der ZEIT-Artikel in Bezug auf die Plagiatsvorwürfe einnimmt.*

Das Theaterstück zu „Tannöd"
(Fassung von Maya Fanke & Doris Happl)

„Tannöd" kommt ins Theater

*Der Roman „Tannöd" über einen bayrischen Mordfall
erobert nach den Bestsellerlisten nun auch die Theater-
bühnen: Am Samstag wird in Dresden die Deutschland-*
5 *premiere gefeiert.*

FÜRTH/REGENSBURG – Alles begann mit einem Zu-
fall. Die Regisseurin Maya Fanke war gerade unterwegs ans Tiroler Landestheater in Innsbruck. Im Au-
toradio hörte sie die Rezension eines neu erschienenen
10 Krimis: „Tannöd" hieß das Buch und war das Erst-
lingswerk der damals völlig unbekannten Oberpfäl-
zer Autorin Andrea Maria Schenkel. Fanke war „total
elektrisiert" und beschloss: „Dieser spannende Stoff
muss sofort auf die Bühne." Inzwischen schlug „Tan-
15 nöd" auf dem Buchmarkt als Bestseller ein. Die
Schauspielhäuser erobert das Stück ab Samstag ebenfalls: Am Staatsschauspiel Dresden feiert „Tannöd"
Deutschlandpremiere, in Bayern ist das Schauspiel ab
der kommenden Spielzeit zu sehen.
20 Fanke, deren Bühnenfassung in Fürth, Regensburg
und Hamburg laufen wird, erinnert sich gern an ihre
„kleine private Geschichte" über den Beginn ihrer
Faszination für „Tannöd". Kaum in Innsbruck ange-
kommen, kaufte sie den Krimi über den Mord an ei-
25 ner Bauernfamilie auf einem bayerischen Einödhof
und verschlang ihn noch am selben Abend im Hotel-
zimmer. Am nächsten Morgen ging sie zu ihrem Ter-
min am Theater, bei dem ein Angebot zur Verhandlung stand, mit dem Fanke „nicht ganz glücklich"
30 war. Kurzerhand überzeugte sie die Theaterleitung
davon, stattdessen „Tannöd" auf die Bühne zu brin-

Werner Koller (v. l.), Julia Rosa Stöckl und Smikka Schubert
bei der Generalprobe in Innsbruck

gen. Gemeinsam mit der Innsbrucker Chefdramatur-
gin Doris Happl schrieb sie eine Bühnenfassung, am
15. März hatte das Stück Weltpremiere.
In Innsbruck wurde „Tannöd" ein Erfolg: „Es läuft 35
ausverkauft", berichtet Happl. Die Geschichte eignet
sich ihrer Ansicht nach ideal für die Bühne, wegen
ihrer „unglaublich dichten Atmosphäre". „Es zieht
einen richtig rein." So sehr, dass manche Zuschauer
nach der Vorstellung „ein bisschen mitgenommen" 40
wirkten, schildert Happl.

Die Rätselhaftigkeit bleibt erhalten

Der Zuschauer fühle sich irgendwie mitschuldig, fügt
Fanke hinzu, und fiebere bei der Suche nach der
Wahrheit ständig mit. „Es wird nicht alles geklärt", 45
betont die Regisseurin. „Die Rätselhaftigkeit, die einen im Krimi bannt, bleibt im Stück erhalten." Die
Dorfbevölkerung bilde wie in einem „Mikrokosmos"
die Gesellschaft ab. „Das macht es für das Theater
interessant." Dazu ist nach Ansicht der Regisseurin 50
der „Tanz mit unterschiedlichen Zeiten und Erinnerungen auf der Bühne" eine spannende Herausforde-
rung.
Autorin Schenkel lobt an Fankes Inszenierung besonders das in Weiß gehaltene Bühnenbild. Die Schau- 55
spieler befinden sich in einer Kirche, die aufgegeben
wurde, die Dorfbevölkerung ist „von Gott verlassen".
Schenkel findet es „witzig, dass sich alles in diesem
einen Raum abspielt". Als Fanke beim Verlag wegen
einer Bühnenfassung anfragte, war die Autorin be- 60
geistert. Wer einen Stoff bearbeitet, „schafft etwas
ganz Neues" daraus, sagt sie. „Ich bin immer neugierig darauf, wie der Text auf andere wirkt."
Gesehen hat sie die Bühnenversion ihres Stoffs allerdings noch nicht – bislang sei zwischen Autorenle- 65
sungen und dem Schreiben an ihrem dritten Krimi
keine Zeit geblieben. Die Inszenierung im Stadtthea-
ter Fürth will sie jedoch nicht versäumen. Das „liegt
für mich natürlich näher", sagt die Oberpfälzerin, die
auch mit ihrem zweiten Krimi „Kalteis" die Bestseller- 70
listen eroberte. Diesen Stoff hat Fanke noch nicht für
die Bühne entdeckt. Der Roman habe eine „konven-
tionellere Form", sagt sie zur Begründung. „Bis jetzt",
fügt sie hinzu und überlegt kurz, „ist dieser Punkt
noch nicht gekommen." (ddp) 75

http://www.tagesspiegel.de/kultur/Tannoed-Andrea-Maria-
Schenkel;art772,2549511 (15.10.2008)

■ *Vergleichen Sie die Eindrücke von der Aufführung mit der Umsetzung der Erstaufführung in
Dresden.*

Klausurvorschläge

Klausur 1: Die Plagiatsvorwürfe – Stellungnahme im Anschluss an einen Text

1. *Fassen Sie die Hauptaussagen des Artikels „Eine wirkliche Schauergeschichte" aus DIE ZEIT vom 19.04.2007/Nr. 17 mit eigenen Worten zusammen.*

2. *„Ich hatte weiter nichts zu tun, als zuzugreifen und das zu ernten, was andere für mich gesät hatten", schrieb Goethe einmal an Eckermann.*
Ist „Abschreiben" in der Literatur erlaubt?
Setzen Sie sich kritisch mit der Tragweite des Goethezitats auseinander.

Stefan Sippell: Eine wirkliche Schauergeschichte

Ist der Bestseller „Tannöd" ein Plagiat? Aus einem märchenhaften Erfolg wird ein Krimi

5 So wurde aus einem Krimi ein Märchen: Andrea Schenkel, Hausfrau und Mutter, als Schriftstellerin bis dahin gänzlich unbekannt, veröffentlicht einen Kriminalroman bei einem kleinen Hamburger Verlag. Es dauert eine Weile, doch dann wird das Buch zu einem 10 riesigen Erfolg – von den Kritikern gefeiert, vom Publikum als Sensation aufgenommen. Inzwischen belegt Schenkels Debüt *Tannöd* seit Wochen die Spitzenplätze der Bestsellerlisten, sie hat Preise dafür gewonnen und die Filmrechte verkauft. Doch gerade 15 jetzt, wo alles nach dem größtmöglichen Happy End ausschaut, verdirbt ein schlimmer Verdacht die gute Laune: Gegen Andrea Schenkel wird der Vorwurf des Plagiats erhoben. Sie soll von Peter Leuschner abgeschrieben haben, der zwei Sachbücher über den 20 Mordfall Hinterkaifeck verfasst hat, das historische Vorbild für *Tannöd*. Im Gegenzug unterstellt Schenkel dem Münchner Journalisten, ein „Trittbrettfahrer" zu sein, der von ihrem Triumph profitieren wolle. Aus dem Märchen wird wieder ein Krimi, mit Ermitt- 25 lungen, Beschuldigungen und mit viel bösem Blut. Bloß unfair, moralisch fragwürdig oder urheberrechtlich relevant?
Bauer, Bäuerin, Tochter, deren zwei kleine Kinder und die Magd: Sechs Menschen wurden in der Nacht zum 30 1. April 1922 auf dem bayerischen Einödhof Hinterkaifeck mit der Spitzhacke erschlagen – und der oder die Täter nie gefunden. Metaphorisch könnte man sagen: 85 Jahre später ist die Gewalt zurückgekehrt. Denn der Begriff des Plagiats kommt aus dem Latei- 35 nischen, und *plagiarius* bezeichnet den Menschen-, ja Kinderräuber. Aber auch die ungelösten Fragen und rätselhaften Widersprüche im aktuellen Streit um *Tannöd* rufen Hinterkaifeck in Erinnerung.
Warum zum Beispiel hat Andrea Schenkel vor etwa 40 einem Jahr mit ihren Kindern Peter Leuschner besucht, der zuvor weder von ihr noch von ihrem Buch gehört hatte – um zu plaudern und ihm ein signiertes

Exemplar von *Tannöd* zu überlassen? Warum hat sie in Interviews immer wieder von diesem Treffen geschwärmt? Auf der anderen Seite beteuert Leuschner, 45 er habe „erst kürzlich" von dem angeblichen Plagiat erfahren: Wird man ihm abnehmen, wenn er erklärt, er habe den Krimi nach Schenkels Besuch „auf seinen Nachttisch gelegt" und lange Zeit „keinen Blick hineingeworfen"? 50
Einerseits versichert Andrea Schenkel in diesen Tagen, sie habe „all die Quellen in Augsburg studiert, bevor ich zu schreiben begann". Andererseits hat sie noch Ende März 2007 in einem Interview darauf bestanden: „Ich habe keine Akten eingesehen." Und 55 dann erscheint plötzlich und erst in der zehnten Auflage vom März 2007 in *Tannöd* der Hinweis „Mit besonderem Dank an Peter Leuschner". Wenn das kein Zeichen für ein schlechtes Gewissen ist?
In einer Kulturgeschichte des Plagiats ließe sich wohl 60 leicht belegen, dass mit der Idee, auch geistiges Eigentum könne gestohlen werden, sofort die entsprechende Intrige geboren wurde: eine Beschuldigung aus Neid, Gier und Missgunst, weil ein anderer etwas geschafft hat, was einem selbst so nicht gelingen 65 wollte. Nahezu alle Dichter der Weltliteratur sind schon des Plagiats verdächtigt worden, und die meisten sind ausgesprochen gelassen damit umgegangen. „Ich hatte weiter nichts zu tun als zuzugreifen und das zu ernten, was andere für mich gesät hatten", 70 schrieb Goethe einmal an Eckermann.
Übertragen auf *Tannöd*, dürfte die entscheidende Frage demnach gar nicht unbedingt lauten, ob Andrea Schenkel die Ernte von Peter Leuschner eingefahren hat. Schenkel hat ja immer wieder bestätigt, Leusch- 75 ners zwei Bücher über den spektakulären Familienmord gelesen zu haben. Viel wichtiger scheint zu sein, ob sie damit ähnlich souverän und künstlerisch verfremdend umgegangen ist wie ein Goethe – oder wie zwei seiner kaum minder bedeutenden Kollegen, 80 die Schenkels Verleger Lutz Schulenburg in einer heftigen Entgegnung auf Leuschners Anschuldigung als Kronzeugen aufruft: „So wird man weder Thomas Mann ernsthaft den Vorwurf machen, in seiner

85 Joseph-Tetralogie die Bibel ausgeschlachtet zu haben, noch dass Bertolt Brechts *Dreigroschenoper* ein simples Plagiat der *Beggar's Opera* wäre." Und auch wenn Schulenburg sich darüber beschwert, dass „Plagiatsvorwürfe eine Freude für Juristen sind, die in der
90 Metaphysik des Urheberrechts zu Hause sind": Das Rätsel, ob Schenkel einen Raub an Leuschners geistigen Kindern verübt hat oder ob Leuschner ihr diese Tat nur unterschieben will, müssen nun eben doch jene „Metaphysiker" lösen.
95 Das deutsche Gesetz liefert keine Definition des Plagiats. Aber der Bundesgerichtshof hat 1999 in einem Urteil in Sachen *Laras Tochter* (einem Fortsetzungsroman von *Dr. Schiwago*) festgestellt, dass ein Plagiat dann vorliege, wenn die entlehnten „eigenpersön
100 lichen Züge" des geschützten alten Werkes im neuen Werk nicht so verblassen würden, dass von einem selbstständigen neuen Werk gesprochen werden könne. Demnach muss man in der Causa Hinterkaifeck /*Tannöd* sehr genau differenzieren: Wenn sich Andrea
105 Schenkel durch die Lektüre von Leuschners faktenreicher Darstellung des Mordes nur die eigene mühsame Recherche in den bayerischen Staatsarchiven von München und Augsburg erspart hat – dann ist dies zwar moralisch fragwürdig, aber wohl kaum ur
110 heberrechtlich relevant. Denn alle aus den historischen Quellen ableitbaren Fakten tragen nicht zu „eigenpersönlichen Zügen" von Leuschners Werk bei, die zu schützen wären. Salopper gesagt: Dann ist es möglicherweise nur unfair gewesen, Leuschners
115 Bücher nicht als wichtigste Informations- und Inspirationsquelle für die Krimi-Story anzugeben.
Ein Sachbuch ist kein Roman. Aber was, wenn Teile frei erfunden sind?
Aber Leuschners Vorwurf an Schenkel greift weiter:
120 Sie habe auch solche Passagen von ihm übernommen, die über die reine Wiedergabe von öffentlich zugänglichem Aktenmaterial hinausgehen und somit durchaus als „eigenpersönliche Züge" gelten dürfen.

Im Vorwort zu seinem Buch *Der Mordfall Hinterkaifeck* von 1997 betont Leuschner, er habe gerade die „Schil- 125 derung der letzten Tage vor dem Mord" in „schriftstellerischer Freiheit verfasst" und „selbstverständlich manche Dialoge frei erfunden". Diese Abschnitte wären somit durchaus als vom Urheberrecht geschütztes geistiges Eigentum zu werten. Und Leusch- 130 ners Anwalt Hans Nüsslein führt eine ganze Reihe von Beispielen auf, nach denen dessen Fiktionalisierungen auch in Schenkels Version der Schauergeschichte auftauchen.
Andrea Schenkel streitet zwar alle Anschuldigungen 135 ab, aber so ganz sicher scheint sie ihrer Sache nicht zu sein. Die Frage eines Fernsehjournalisten, ob es ihren Roman ohne Leuschners Buch überhaupt gegeben haben könnte, beantwortete sie vor einigen Wochen jedenfalls erst nach langem Zögern: „… das weiß 140 ich nicht." Und Albrecht Götz von Olenhusen, der Anwalt von Schenkels Verlag, verweist zwar auf den grundsätzlichen Unterschied zwischen Sachbuch und Roman, der sich schon daran zeige, dass Schenkel die Handlung in eine andere Zeit (von den 1920er- in die 145 1950er-Jahre) und an einen anderen Ort (von Oberbayern in die Oberpfalz) verlegt habe. Andererseits erklärt Olenhusen jede der tatsächlich vorhandenen zahlreichen Übereinstimmungen damit, dass sich solche Charakterisierungen und Detailschilderungen 150 auch direkt aus den historischen Akten ergeben würden und nicht nur aus Leuschners Buch.
Wenn sich die Parteien nicht doch noch einigen, zum Beispiel auf die Einschaltung eines Vermittlers oder „Mediators", wie sie in vielen Rechtsstreitigkeiten 155 außerhalb des Urheberrechts schon üblich geworden ist (und sich bewährt hat), dann werden die Spitzhacken wohl wieder ausgepackt, und der Fall Hinterkaifeck würde zu einem langwierigen Clinch vor Gericht führen. Das allerdings wäre ein Ende, das weder 160 Krimi noch Märchen schmückt.

In: Die ZEIT Nr. 17 vom 19.04.2007

Klausur 2: Vergleichende Textanalyse (Leuschner und Schenkel)

1. *Analysieren Sie die sprachliche Umsetzung im vorliegenden Auszug aus Peter Leuschners „Der Mordfall Hinterkaifeck".*

2. *Vergleichen Sie Ihre Ergebnisse mit Andrea Maria Schenkels „Tannöd" (S. 24 – 27, 1. gr. Abschnitt: „Lässt ihren Gedanken freien Lauf.").*

Die Mordnacht vom 31. März auf den 1. April 1922 in Hinterkaifeck

Die kleine Standuhr in der Küche rasselt acht Schläge herunter. Draußen tobt sich der Sturm so richtig aus.
5 Bei einem besonders starken Windstoß ist es, als würden die Fenster aufspringen. Im Ofen flackert unruhig das Feuer. Aus dem Kamin dringt ein schauerliches Heulen und Pfeifen. „Der Sturm", brummt der Alte, „hört der denn überhaupt nicht mehr auf?"
10 Der kleine Josef zeigt keinerlei Scheu vor der neuen Magd. Übermütig zieht er am Rock der Frau. Sie muss ihren rechten Fuß ausstrecken. Lachend setzt sich der Bub drauf. „Hoppe, hoppe Reiter …"
„Jetzt ist aber Schluss." Viktoria Gabriel zeigt mit der
15 Hand auf die Standuhr. Der längere der beiden Messingzeiger hat schon wieder einen winzigen Rucker gemacht. „Sonst muss er spätestens um sieben ins Bett", sagt sie zur Magd. […] Als sie in die Küche zurückkommt, ist Maria Baumgartner schon am Hi-
20 nausgehen. „Nicht dass ich gleich am ersten Tag ver-

schlafe", meint sie entschuldigend. „Also, ich wünsch' euch allen eine gute Nacht. Ich muss noch mein Zeug auspacken."
Auch Andreas Gruber hält es nicht mehr. „Ich leg mich schon mal ins Bett. Gehst du mit", sagt er zur 25 kleinen Cäzilia. Die Siebenjährige schläft auf einem Kanapee im Schlafzimmer der Mutter. „Gleich", antwortet das Mädchen, „ich will noch mal das Gedicht durchlesen. Der Lehrer will uns morgen ausfragen."
In der Küche ist es auf einmal still geworden. Noch 30 immer klappern die Fensterläden, heult es aus dem Kamin. Als sich Cäzilia nach einigen Minuten mit einem „Gut' Nacht" verabschiedet, sind die zwei Frauen allein.
Die alte Gruberin räumt wortlos das Geschirr auf. 35 Viktoria Gabriel strickt an einem Pullover für ihre Tochter. Plötzlich setzt sich die 72-Jährige ganz nah zu Viktoria.

Aus: Peter Leuschner: Der Mordfall Hinterkaifeck. Spuren eines mysteriösen Verbrechens. Hofstetten: apus-Verlag, 1997, S. 26

Klausur 3: Erzählerische Gestaltung in „Tannöd" – Textanalyse

1. *Fassen Sie den Textauszug aus dem ZEIT-Artikel „Der Tod macht stumm, es redet der Roman" kurz mit eigenen Worten zusammen.*

2. *Erläutern Sie, wie Andrea Maria Schenkels Roman „Tannöd" „die Rückverwandlung von stummem Entsetzen in die Sprache des Verstehens" schafft. Berücksichtigen Sie insbesondere die Seiten 112 bis 115 des Romans.*

Der Tod macht stumm, es redet der Roman

Kriminalromane sind schon eine paradoxe Literatur. Immer handeln sie vom Tod, also von dem Unaussprechlichen schlechthin. Unsagbar, unsäglich, das
5 verschlägt einem die Sprache: So lauten die ersten Worte nach Auffinden der Leiche. Dagegen reden die Romane an. Die umständliche, rührige, fakten- und aussagenbesessene, immer wortreicher ausufernde, um Erklärungen ringende Arbeit der Detektive, auf
10 Hunderten von Seiten ausgewalzt, vom Autor kunstvoll verdreht und verrätselt, erscheint als tausend-

fach wiederholter Versuch, den Tod, das Skandalon, zu bannen. Zurückgeführt auf forensische Details, auf unwiderlegbar die Tat deutende Spuren, auf Motive, die, so abstrus sie auch scheinen, als Kausalkette ord- 15 nen, was zuvor Horror und Chaos war, wird der Tod zivilisiert. Am Ende haben wir die Lösung: einen Tathergang, den man verstehen, rekonstruieren und beurteilen kann. In der Hauptsache geht es beim Kriminalroman also um die Rückverwandlung von 20 stummem Entsetzen in die Sprache des Verstehens.

Tobias Gohlis, in: Die ZEIT Nr. 10 vom 2.3.2006

Klausur 4: Konzeption des Romans „Tannöd" – Stellungnahme im Anschluss an den Roman

■ *Entwerfen Sie eine Rezension zu „Tannöd". Gehen Sie insbesondere auf die Frage ein, ob bzw. inwieweit es Andrea Maria Schenkel gelungen ist, ein neues Literaturgenre – eine Mischung aus Gesellschafts- und Kriminalroman – zu konzipieren.*

Klausur 5: Morddarstellungen („Tannöd" – „Das Parfum") – Textanalyse mit Textvergleich

1. Analysieren Sie den vorliegenden Textauszug aus Patrick Süskind „Das Parfum". Achten Sie besonders auf die Darstellung des Mordes.

2. Vergleichen Sie die Darstellung des Mordes mit dem Mord in „Tannöd" (S. 122–124).

Grenouille, der in Paris ohne Eigengeruch zur Welt kommt, ist seit seiner Geburt ein Sonderling und Außenseiter. Das Einzige, was ihn erfreuen kann, sind Parfums und die Welt der Düfte, da er eine außergewöhnlich gute und empfindliche Nase besitzt. Nach und nach perfektioniert er mithilfe verschiedener Lehrmeister sein Können in der Welt der Parfümeure. Sein Traum ist es, das perfekte Parfum herzustellen, wofür er jedoch den konservierten Duft ausgewählter Mädchen benötigt. Dafür muss er diese töten.

Mit professioneller Bedächtigkeit ging Grenouille ans Werk. Er öffnete den Reisesack, entnahm ihm Leinentuch, Pomade und Spatel, breitete das Tuch über die Decke, auf der er gelegen hatte, und begann es mit 5 der Fettpaste zu bestreichen. […] In dieser Neumondnacht lenkte ihn nichts ab. Die Welt war nichts als nur Geruch und ein wenig Brandungsgeräusch vom Meer her. Er war in seinem Element. […] Er drückte den Fensterflügel auf, schlüpfte in die Kammer und legte das Laken ab. Dann wandte er sich dem Bett zu. 10 Der Duft ihres Haares dominierte, denn sie lag auf dem Bauch, und sie hatte das Gesicht, vom Armwinkel umrahmt, ins Kissen gedrückt, sodass sich ihr Hinterkopf in geradezu idealer Weise dem Keulenschlag präsentierte. 15 Das Geräusch des Schlages war dumpf und knirschend. Er hasste es. Er hasste es allein deshalb, weil es ein Geräusch war, ein Geräusch in seinem ansonsten lautlosen Geschäft. Nur mit zusammengebissenen Zähnen konnte er dieses ekelhafte Geräusch 20 ertragen, und nachdem es vorüber war, stand er noch eine Weile lang steif und verbissen da, die Hand um die Keule gekrampft, als fürchte er, das Geräusch könne zurückkehren als widerhallendes Echo von irgendwoher. […] Er steckte die Keule weg und war nun nur 25 noch von emsiger Betriebsamkeit erfüllt.

Klausur 6: Die Schuld Georg Hauers – Textanalyse mit anschließender Erörterung

1. Analysieren Sie die Seiten 78 bis 79 aus Andrea Maria Schenkels „Tannöd".

2. Erörtern Sie, ob bzw. inwiefern sich für den geübten Leser bereits an dieser Stelle des Romans Georg Hauers unendliche Verzweiflung, die letztlich im Selbstmord endet, herauslesen lässt.

Literaturhinweise für Lehrerinnen und Lehrer

Braukmann, Werner: Freies Schreiben. Praxishandbuch für die Sekundarstufe I und II. Berlin: Cornelsen Verlag Scriptor, 2003

Friedrich, Karin: Ein Buch zum Buch schreiben und beurteilen. Ein Lesejournal zu Bernhard Schlinks *Der Vorleser*. In: Praxis Deutsch 184 (2004), S. 46–53

Leuschner, Peter: Der Mordfall Hinterkaifeck. Spuren eines mysteriösen Verbrechens, Hofstetten: apus-verlag, 1997

Lange, Günter: Krimis im Unterricht. In: Günter Lange/Karl Neumann/Werner Ziesenis (Hrsg.): Taschenbuch des Deutschunterrichts. Grundfragen der Praxis der Sprach- und Literaturdidaktik, 2 Bände, Band 2: Literaturdidaktik: Klassische Form, Trivialliteratur, Gebrauchstexte. Jubiläumsauflage, Baltmannsweiler: Schneider, 6., vollständig überarbeitete Auflage 1998, S. 787–804

Praxis Deutsch 192 (2005): Krimi (mit Audio-CD zum Heft)

Scheller, Ingo: Szenische Interpretation. Theorie und Praxis eines handlungs- und erfahrungsbezogenen Literaturunterrichts in Sekundarstufe I und II. Seelze: Kallmeyer Verlag in Verbindung mit Klett, 2. Auflage 2008

Spinner, Kaspar H.: Kreativer Deutschunterricht. Identität – Imagination – Kognition. Seelze: Kallmeyer Verlag in Verbindung mit Klett, 2. Auflage 2006

Nusser, Peter: Der Kriminalroman, 3., aktualisierte und erweiterte Auflage, Stuttgart/Weimar: Metzler, 2003

Wilczek, Reinhard: Von Sherlock Holmes bis Kemal Kayankaya. Kriminalromane im Deutschunterricht, Minden: Kallmeyer in Verbindung mit Klett, 2007

Tannöd

Baustein 1: Erste Leseeindrücke (S. 18–24 im Modell)

1.1	„Akte: Tannöd" (Lesejournal)	ganzer Text	Lesejournal Arbeitsblätter 1 und 2
1.2	Gedanken zu einem Bild	ganzer Text	Bildbeschreibung und Bilddeutung Arbeitsblätter 3 a/b
1.3	Schreibgespräch	ganzer Text	Schreibauftrag
1.4	Eckengespräch	ganzer Text	Gespräch auf der Basis vorgegebener Stichpunkte Tafelbild Schreibauftrag Textproduktion

Baustein 2: Die Erzählstruktur des Romans (S. 25–47 im Modell)

2.1	Die Chronologie des Geschehens	ganzer Text S. 46–47, 57–59, 103–104	Textanalyse, Folienarbeit Alternative: kreative Umsetzung auf Plakat Textanalyse, Tafelbild Arbeitsblatt 4 Arbeitsblätter 5a/b Arbeitsblatt 6 Arbeitsblatt 7 Zusatzmaterial 1 und 2
2.2	Die Erzählstruktur und deren Funktion	Interview mit Schenkel S. 48–49	Textanalyse, Tafelskizze und Tafelbild Textproduktion Arbeitsblatt 8 Arbeitsblatt 9 Zusatzmaterial 2
2.3	Die Litanei	ganzer Text	Tafelbild, Textanalyse Textproduktion
2.4	Genrefrage: Kriminal- und/ oder Gesellschaftsroman?	Sekundärtext (Kriminalroman, Gesellschaftsroman) ganzer Text	Tafelskizze und Tafelbild Textanalyse Schreibaufgabe Textproduktion Arbeitsblatt 10 Arbeitsblatt 11

Baustein 3: Die Figuren des Romans (S. 48–62 im Modell)

3.1	Opfer und Täter	Heinrich Danner: S. 15, 29, 36f., 43, 54f., 62, 64f., 82, 89, 92, 95, 101, 108 Theresia Danner: S. 14, 24, 29, 37, 60–62, 92f. Barbara Spangler: S. 29, 37, 57, 62, 95, 101, 109ff., 114f.; S. 46f., 95, 96ff., 114f., 121–125; S. 97, 122f.	Textanalyse, Beziehungsgefüge Cluster Schreibaufgabe Alternative: kreative Umsetzung Textanalyse Tafelbild Arbeitsblatt 12 Arbeitsblatt 13 Arbeitsblatt 14

Bildnachweis:

S. 9, 37: © vario-images – **S. 21:** © Keystone/Volkmar Schulz – **S. 23** (von li. o. nach re. u.): © vario images; Greenpeace/S. Hamberger und D. Baumeister; Verlagsarchiv Schöningh/Edwin Stiller; © Alaskan Express/F1 online www.f1online.de; © JBM/buchcover.com; © A1PIX/ORE; © bluemagenta – **S. 24** (von li. o. nach re. u.): © WILDLIFE/G. Czepluch; Verlagsarchiv Schöningh/Hella Klink/© Deepol/Dorothee van Boemmel; © Arco Images/J. Pfeiffer; © picture-alliance/dpa; © Thomas Willemsen; © Reinard Tierfoto – **S. 42, 88:** © altro-die fotoagentur – **S. 61:** © Polizeipräsidium Augsburg – **S. 69:** © plainpicture/N. Toepp – **S. 76:** Graphische Gestaltung Andrea Örsted/Photo Kerstin Theurich – **S. 83:** Verlagsarchiv Schöningh/Reinhild Kassing – **S. 84:** Verlagsarchiv Schöningh – **S. 91:** © Sebastian Willnow/ddp – **S. 93:** © Rupert Larl/Tiroler Landestheater/ddp

© 2009 Bildungshaus Schulbuchverlage
Westermann Schroedel Diesterweg Schöningh Winklers GmbH
Braunschweig, Paderborn, Darmstadt

www.schoeningh-schulbuch.de
Schöningh Verlag, Jühenplatz 1–3, 33098 Paderborn

Druck 5 4 3 2 / Jahr 2017 16 15 14
Die letzte Zahl bezeichnet das Jahr dieses Druckes.

Umschlaggestaltung: Jennifer Kirchhof
Druck und Bindung: westermann druck GmbH, Braunschweig

ISBN 978-3-14-022448-2